KB190127

미타행자의 편지

미타행자의 편지

원인과
조건으로
이루어진
사바세계

어 제 의
고 통 이
오 늘 의
행복입니다

수 행 은
자 비 심
입 니 다

나 무
아미타불은
천 상 의
소 리 입 니 다

미타행자의 편지

본연 스님이 들려주는
인과와 수행이야기

담앤북스

보통 사람들은
운명이 정해진 대로 살고 있습니다.
전생에 박복하게 산 사람은
금생에서도 박복하게 살고
전생에 살생 업이 많은 사람은
금생에서도 몸에 병을 달고 삽니다.

부처님의 가르침은
수행을 통하여 잘못된 업을 녹이고
새로운 삶을 가꾸어 나가는 가르침입니다.
그래서 척박한 인연도
수행을 통하여 바꿀 수 있는 것입니다.

원인과
조건으로
이루어진
사바세계

한 번 성내는 마음이
모든 공덕을 태운다

　예전에는 스님들이 선방에서 안거할 때 당신이 먹을 쌀을 지고 갔다고 합니다. 선원에 미두米頭라고 쌀을 관리하는 소임도 있었고, 끼니마다 당신이 먹을 만큼 쌀을 내놓았다고 합니다. 또 객승이 오면 모두 밥을 한 숟가락씩 덜어서 주었는데, 이것이 십시일반十匙一飯의 유래입니다.

　천수다라니로 수행하신 수월水月, 1855~1928 스님의 전설적인 삶은 아직까지도 수행자들 사이에서 회자되고 있습니다. 스물네 시간 잠을 안 자는 신통과 한 번 들으면 잊어버리지 않는 신통을 얻으신 수월 스님의 자비심慈悲心은 짐승에게까지 미쳤다고 합니다.

　수월 스님께서 상원사 선원에 계실 때 이야기입니다. 저녁 공양 시간이 다가오는데 객승 한 분이 마당으로 들어오시더랍니다. 그러자 수월 스님께서 공양주에게 "보살님, 내가 먹을 저녁 공양을 저 스님께 드리지요. 나는 저녁을 안 먹겠습니다."고 하셨답니다. 하지만 그 옛날에도 좀 못된 공양주가 있었는지 그 공양주가 구시렁대자, 듣기가 좀 거북하셨던 스님이 "보살님!" 하고 말 한마디로

화를 한 번 내셨답니다. 그런데 그 후로 수월 스님께서 암기하는 것이 절반으로 줄었다고 말씀하시더랍니다.

　사람이 화낼 때와 웃을 때 피의 흐름이 다르다는 의사의 말을 들은 적이 있습니다. 경전에서도 한 번의 진심瞋心, 왈칵 성내는 마음이 모든 공덕을 태운다고 합니다. 이렇듯 우리는 한 번 화내는 것으로도 몸과 마음에 해가 됨을 다 알고 있으나 하루에도 몇 번씩 화를 내고도 그것을 느끼지 못합니다. 마음이 맑은 사람은 조그마한 티끌도 감지하여 업을 짓지 않지만, 마음이 검은 사람은 무거운 업을 지어도 그것을 감지하지 못해 계속 짓게 됩니다.

　화나는 마음을 살펴보고 그 마음을 '배려하고 긍정하는 마음'으로 바꾸는 것이 곧 수행이며, 삶을 윤택하게 가꾸어 나가는 길입니다. 그리고 이 마음을 도와주는 것이 염불이며, 좌선이며, 진언입니다. 자신에게 맞는 한 가지 수행법을 선택하여 늘 함께하는 불자佛子라면 행복과 건강한 삶을 누릴 것입니다.

묘 위에서 삼매에 든
원주 스님

예전 큰 절에는 방이 여섯 개가 있었다고 합니다. 참선參禪하는 선원, 율律을 공부하는 율원, 경經을 공부하는 강원, 염불念佛하는 염불당, 진언眞言하는 방, 그리고 종무소까지 모두 여섯 개입니다. 그리고 각 방마다 조실대중의 수행을 지도하는 스님. 수행자들에게는 최고의 권위를 갖는다. 스님이 계셔서 후학들을 지도했다고 합니다. 하지만 지금은 다 없어지고 총림이라 해 봐야 선원, 율원, 강원 정도만 남았고, 염불당은 명색만 남아 있으며, 진언하는 방은 없는 걸로 알고 있습니다. 그러나 예전에는 절에서 진언도 많이 했다고 합니다.

예전에 좀 둔한 스님이 있었는데 그분의 은사 스님께서 둔한 근기를 보시고는 천수다라니에 한글로 토를 달아 주시면서 그것만 외우라고 하셨습니다. 당시에는 천수다라니도 순 한문으로만 되어 있었던 모양입니다. 그 둔한 스님은 늘 천수다라니를 입에 달고 사셨는데 그의 만년 소임은 원주사찰의 살림살이를 맡아보는 스님을 일컫는다. 시대에 따라 조금씩 바뀌기도 했는데, 요즘은 공양간을 책임지고 있는 스님을 이렇게 부르기도 한다. 였습니다. 원주 소임으로 늘 바쁜지라 그 스님은 걸어 다니면서, 일하면서 천수다라니를 하신 것입니다.

그분이 사셨던 절은 순천에 있는 선암사였습니다. 어느 날 이 스님이 지게를 지고 순천장에 나가시더니 밤늦도록 돌아오지 않으셨습니다. 걱정이 된 조실 스님이 "원주 스님은 틀림없는 사람이니라. 아직 안 오셨으니 한번 마중을 나가 보아라." 하자 행자 몇 분이 호롱불을 들고 마중을 나갔습니다. 그때는 선암사 입구에 공동묘지가 있었는데 원주 스님이 그 공동묘지의 묘에 앉아 삼매에 들어 밤늦은 줄도 모르고 있었습니다. 한낮에 지게를 지고 올라오다가 묘 등에서 잠깐 쉰다는 것이 바로 삼매에 들어간 것입니다. 행자님들이 원주 스님을 깨워서 같이 올라왔고 그 사실을 조실 스님에게 말했습니다. 그러자 조실 스님이 다른 사람에게 절대로 말하지 말라고 엄명을 내리셨다고 합니다.

그 일이 있은 지 얼마 후, 원주 스님이 또 장에 나가 밤늦도록 안 오시기에 행자님들이 다시 호롱불을 들고 마중을 나갔습니다. 이번에도 원주 스님은 묘 등에 앉아 삼매에 들어 있고 수없는 영가들이 합장하고 서 있었더랍니다. 행자님들이 무서운 나머지 돌을 던져 원주 스님을 깨우고는 선암사로 모시고 왔다고 합니다. 다음 날, 사중寺中에 소문이 다 퍼지자 조실 스님이 원주 스님을 불러서 몇 마디 물어보시더니 공부를 인정했다고 합니다. 그 후 원주 스님은 말이 없었지만 입가에는 항상 미소가 떨어지지 않았다고 합니다.

부처님 공부는 영리하고 둔하고를 가리지 않습니다. 어느 수행법이든지 한 우물 파듯 오래오래 하는 것이 중요합니다.

죽 한 그릇 얻어먹고
쫓겨난 스님

　옛날에 중국에서 있었던 이야기입니다. 한 스님이 걸어서 절을 찾아가는데 몇 달이 걸려야 했던 모양입니다. 절을 찾아가던 도중에 주막에 들러 하룻밤을 잤는데, 스님의 꿈에 신장神將이 나타나서 "스님, 고생하고 가 봐야 죽 한 그릇 얻어먹고 쫓겨납니다. 스님은 전생에 그 절에 흙 한 삼태기 올려준 인연밖에 없습니다." 하더랍니다. 꿈에서 깬 스님은 '내가 이렇게 고생하며 찾아가는데 설마하니 죽 한 그릇 주고 쫓아낼까?' 하며 고개를 갸우뚱거렸습니다. 그렇게 몇 달이 걸려 고생해서 그 절을 찾아갔으나 정말로 고약한 원주 스님이 죽 한 그릇을 주고는 쫓아냈습니다.

　그런데 세월이 흘러 그 스님은 바로 그 쫓겨난 절의 조실로 추대되어 다시 그곳으로 가게 되었습니다. 스님은 '젊은 시절에 그 절을 찾아갔을 때 신장이 인연이 없다고 했었지. 하지만 지금 내가 그곳의 조실로 가게 됐으니 신장이 실수한 것이지.' 하고 속으로 생각했답니다. 하지만 스님은 그 절로 가던 도중에 입적하셨다고 합니다.

구참久參, 구참舊參 또는 고참古參 이라고도 한다. 오랫동안 참선 수행을 한 사람을 말한다. 스님은 장담을 잘 안 합니다. 세속에서도 경험이 많은 분은 장담을 잘 안 합니다. 절이 좋아 오래 살려고 해도 일이 이상하게 꼬여 나오기도 하고, 잠시 머물려 했다가도 어떻게 엮여서 오래 살게 되기도 합니다. 또한 객뿐 아니라 주지 스님도 천년만년 살 거라며 불사를 짬지게 해 놓고도 원통하게 절을 나오는 경우가 비일비재합니다. 한 절에 오래 사신 분을 보면 인연이 대단하다고 감탄하면서 '객으로 살아도 오래 사는 사람이 주인이다.'고 생각합니다.

부처님의 가르침은 연기법입니다. 이것은 부처님만의 독특한 이론이 아니라 당신께서 나무 아래 앉아 육 년간의 깊은 사유를 통해 발견한 이치입니다. 우리가 행복하게 살고, 좋은 인연을 짓기 위해서는 몸으로든, 입으로든, 생각으로든, 중생을 해치지 말고 베풀며 살아야 합니다. 그러나 많은 사람이 부처님의 울타리 안에서 살면서도 연기緣起하는 법칙을 쉽게 잊어버리고는, 비바람에 모였다 흩어지고, 일어났다 소멸하는 현상에 울고 웃고 하는 것입니다.

16

복 없는 중

A 스님이 한국전쟁 때 모두 불타 버린 사찰의 주지로 임명받았습니다. 본사에서는 A 스님을 주지로 임명하면서 그 사찰의 불사를 해야 한다는 조건을 달았습니다. A 스님은 모두 불타 버린 사찰에 텐트만 치고 살았는데, 몇 년이 지나도 불사에 진척이 없었습니다. 급기야 본사에서는 A 스님을 불러다 놓고는 대중공사大衆公事를 벌였습니다. '복 없는 중이 주지를 하니 불사의 진척이 없다.'며 A 스님에게 사표를 받고 주지를 다른 스님으로 교체하는 것으로 결론이 났습니다. 보통 사람 같으면 이런 억박에 당장 사표를 쓰고 떠났을 테지만 전생에 무슨 인연이 있었는지 A 스님은 억울해서 사표를 못 쓰겠다고 말했습니다. 그러고는 '잠깐 화장실 좀 다녀오겠다.'고 하며 그길로 도망갔다가, 한 보름 정도 지나서 사중이 조용해진 다음에 다시 사찰로 들어갔다고 합니다. 이후부터 A 스님은 자신의 복 없음을 한탄하며 기도를 밤낮없이 했다고 합니다.

그러던 어느 날 길바닥에서 주역을 하시는 분을 만났다고 합니다. 팔이 하나 없는 분이었는데 A 스님을 보더니 소매를 붙잡고

"스님, 관상이 몇 년 전하고 전혀 다릅니다. 지금 가서서 불사를 하신다면 몇억 대 불사를 하실 수 있습니다."고 말했답니다. 그 말을 들은 A 스님은 다시 불사를 시작했습니다. 우선 전화번호부 책을 보며 가까운 도시에 있는 기업인들을 찾아가서 불사를 도와 달라고 했는데, 거절하는 곳이 없었다고 합니다. 한국전쟁으로 폐허가 된 절이 A 스님의 원력과 기도로 지금은 대중이 북적거리는 대사찰로 변했습니다.

　보통 사람들은 운명이 정해진 대로 살고 있습니다. 사주의 철학은 사주에서 한 치도 벗어나지 못한다고 말하는 데 있습니다. 불교적 시각으로 보면 전생의 업력에 의해서 산다고 말할 수 있습니다. 전생에 박복하게 산 사람은 금생에서도 박복하게 살고, 전생에 살생 업이 많은 사람은 금생에서도 몸에 병을 달고 삽니다. 부처님의 가르침은 수행을 통하여 잘못된 업을 녹이고 새로운 삶을 가꾸어 나가는 가르침입니다. 그래서 척박한 인연도 수행을 통하여 바꿀 수 있는 것입니다. 더러 꾸준한 수행을 통해서 삶을 바꾼 스님을 보았습니다. 좋은 인연도 늘 수행을 통해 가꾸어야 합니다. 수행삶은 자전거와 같아서 항상 굴리지 않으면 쓰러지는 것이기 때문입니다.

피하지 못한 인연

『청정도론』에서 읽은 글입니다. 한 젊은 수행자가 선지식을 찾아가 도량에 머무르면서 가르침 받기를 청했습니다. 스승님이 "자네가 탁발만 안 나간다면 이곳에 살아도 좋으네." 하며 조건을 제시하니, 젊은 수행자는 어려운 일도 아니기에 별 생각 없이 약속을 했습니다. 그래서 다른 스님들은 다 탁발을 나가도 젊은 스님은 탁발 없이 도량에서 살았습니다.

그러기를 3년이 지났습니다. 어느 날 스승님이 외출을 했습니다. 이 젊은 수행자는 '왜 스승님은 나에게 탁발을 나가지 말라고 했을까?' 궁금해 하며 '오늘은 스승님이 안 계시니 탁발을 나가보아야겠다.'고 생각하고, 가사를 단정히 수하고 탁발을 나갔습니다.

탁발을 하기 위해 어떤 집에 들어서니 젊은 처녀가 보자마자 뒤로 나자빠지면서 결혼해 줄 것을 애원하는 것이었습니다. 점잖게 물리치고 나오는데 부모까지 쫓아와서는 "딸과 결혼해 준다면 많은 재산을 주겠다."며 울며 간청하는 것입니다. 젊은 수행자는 이

것도 물리치고 절에 들어와 정진을 하며 지냈습니다. 그런데 어느 날 절에서 옷감에 물을 들이기에 이유를 물으니 옷감을 하던 사람이 지나는 말로 "마을 부잣집 딸이 탁발 나온 수행자를 보고는 상사병이 나서 죽었는데, 그 집에서 딸의 옷감을 보시하여 염색중"이라고 말하는 것입니다. 이 말을 들은 젊은 수행자는 죄책감으로 자살하였다고 합니다.

스승님은 마을에 젊은 수행자의 인연이 있는 줄 알고 탁발을 나가지 말라고 한 것인데, 인연을 피한 것은 고작 3년이었습니다. 과연 정해진 인연은 피할 수 없었을까요?

금생의 삶은 전생의 업으로 산다는 느낌을 받습니다. 수행이라는 것은 전생의 잘못된 버릇, 즉 업을 녹이고 운명을 바꾸는 일입니다.

경전에 "부처님 명호를 듣고 신심을 일으키는 사람은 전생에 부처님께 공양을 올리신 분이며 귀한 분이다."는 글이 있습니다. 법당에서 부처님의 무량공덕을 찬탄하는 염불은 보통 인연으로 하는 것은 아니라는 생각이 들었습니다. 이 귀한 염불 법문에 귀 기울이는 분은 당연히 귀하다는 생각입니다.

경계를 만나면

　예전에 한 스님이 토굴에서 정진하다가 관세음보살님의 마정수기摩頂授記를 받았다며 큰절로 내려와 조실 스님께 말씀드리고 깨달 았다는 것을 인정해 달라고 했습니다. 이 말을 들은 조실 스님은 "자네는 마구니 꼬임에 넘어간 것이네. 그런 생각을 빨리 버려야 하네."라며 그 스님을 타일렀습니다. 하지만 그 스님은 관세음보 살님께 수기를 받았다고 기어이 우기더니 결국에는 조실 스님에 게 폭력을 휘둘렀습니다. 대중 스님들은 무슨 법거량인 줄 알고 쳐 다보기만 했다고 합니다. 폭력을 휘두른 그 스님은 도道를 깨달았 다고 생각했지만 다른 스님들이 인정을 안 해 주자 결국 속퇴俗退 를 했습니다. 정진하다가 만나게 되는 경계를 지나가는 그림자로 인식하여야 하는데 그것을 큰 깨달음인 양 착각한 것이지요.

　"좋은 경계도 집착하면 악화되고 나쁜 경계도 집착하지 않으면 무난하다."는 옛 어른의 글이 있습니다. 수행에 앞서 반드시 바른 견해를 세우고 정진하여야 합니다. 이치적으로는 해오解悟하고 정진을 통하여 증오證悟해야 합니다. 사바세계에서 가장 큰 복은 삼매를 얻는 것이라고 합니다. 어디 쉬운 일이 있겠습니까?

역逆 경계境界

　언젠가 예수를 믿는 분이 신문 인터뷰에서 "하나님이 주신 은혜 중, 가장 큰 은혜는 고통을 받는 은혜"라고 말한 것을 봤습니다. 이 분은 의사醫師인데 한국전쟁 때 북쪽에 가족을 두고 혼자 월남하여 독신으로 살면서 어렵고 병들고 가난한 사람들을 위해서 헌신적으로 살았습니다. 지금이야 모르겠지만 예전에는 의사라는 직업을 가지면 경제적으로 풍요를 누리면서 편히 살 수 있었습니다. 그런데 이분이 굳이 어렵고 가난한 병자를 위해 헌신적으로 살아온 이유는, 자신이 남한에서 어려운 이웃을 도와주면 누군가가 이북에 있는 가족들을 도와줄 것이라는 믿음이 있었기 때문입니다.

　세월이 흘러 제 3국을 통해 북쪽의 가족들로부터 편지를 받았는데 아니나 다를까, 이분이 생각한 대로 북쪽에도 그의 가족을 도와주는 사람이 있었고, 그 덕분에 가족들도 편안히 잘 지내고 있음을 알게 되었다고 합니다. 그러면서 자신의 믿음이 헛되지 않았다고 말했습니다. 예수를 믿는 분이지만 선근善根, 온갖 선을 낳는 행위이 있는 분이라 도인道人 같은 말을 했습니다.

부처님 공부를 한다고 해도 역경계逆境界를 당하면 누구나 원망을 하게 됩니다. 하지만 그 고통과 원망을 극복하면 보약이 됩니다. 고통을 극복한 사람일수록 이웃을 배려하고 더불어 살려고 합니다. 역경계를 기꺼이 인과因果로 받아들이고 힘들수록, 고통을 받을수록, 원망을 접어놓고 기도하고 정진하는 것입니다. 믿음과 인욕으로써, 정진으로써 고통을 극복하고 자신을 돌아봤을 때 스스로 대견함은 물론, 남을 이해하는 포옹력이 한층 배가됐음을 알 수 있습니다.

비 오는 날도 잠깐이고, 맑은 날도 잠깐이고, 인생도 잠깐입니다.

염불삼매

예전에 어떤 노스님이 기도하시다가 선 채로 삼매에 들었다고 합니다. 고개를 약간 우측으로 떨어뜨리고 목탁과 채는 쥐고 있었는데 그 모습 그대로 일고여덟 시간을 서 계셨다고 합니다. 그런데 깨어나신 노스님이 "잠깐이었다."고 하시며 "삼매 속에서 관세음보살님을 친견했는데 입고 계신 천의天衣가 너무 아름다웠다."고 하셨답니다. 그 후에 노스님은 '과연 그런 옷감이 있는가?' 하면서 비슷한 천을 찾아 일주일 정도 동대문 포목상을 돌아다녀 봤다고 합니다. 이와 비슷한 이야기도 있습니다. 어느 노보살님이 경계에서 극락세계極樂世界의 연못을 보고는 아주 아름다웠던 나머지 깨어난 후에 좋다고 하는 연못은 다 가 보았답니다.

이런 경계를 맛본 분들의 삶은 소박하고, 겸손하고, 검소합니다. 내면 깊숙이 들어가서 참경계를 느낀 분들의 안목으로 보았을 때, 사바세계에서 가치를 추구하는 이름이나 재물, 허세는 다 거품으로 보일 뿐입니다. 그러나 이런 경계가 다는 아닙니다. 깊은 삼매에 들어가면 "하늘에서 떨어지는 빗방울 숫자까지도 알 수 있다.", "마치 과일을 손 위에 올려놓고 보듯이 사바세계를 볼 수 있다."고 경전에서는 말합니다.

깨달음의 깊이는 하늘과 땅 사이 같으며, 깊은 삼매에 들어가 망상의 뿌리를 뽑아내 증명하기 전에는 쉽게 '깨달았다.', '삼매에 들었다.'고 할 수 없는 것입니다. 흔한 말로 '한 소식 하였다.'며 힘주고 사시는 분들을 보면 '이것은 아닌데.' 하는 생각이 들지만 바라볼 뿐 할 말은 없는 것입니다.

관상觀相

　마음의 변화를 가장 잘 나타내는 것이 얼굴입니다. 화난 얼굴, 웃는 얼굴, 더 나아가 박복한 얼굴, 복덕이 구족한 얼굴……. 흔히 점쟁이들이 말하기를 관상이 제일 적중률이 높다고 합니다. 얼굴은 수시로 변하기 때문에 그 변화를 보고 과거, 현재, 미래를 예측한다는 것입니다.

　그러나 운명이라는 것은 바꿀 수 있으며 운명이 바뀌면 용모나 행위가 이전과 완전히 달라집니다. 이것을 두고 '환골탈태換骨奪胎했다.'고 말하기도 합니다. 운명을 바꾸는 데 가장 합리적인 것은 긍정적 생각과 긍정적 언어, 그리고 긍정적 행위입니다. 그러나 안다고 해서 바로 긍정적으로 생각하고, 말하고, 행동하는 게 쉬운 것은 아닙니다. 깨달음의 세계는 절대긍정의 세계입니다. 그리고 수행이라는 것은 부정不定을 걷어 내고 절대긍정의 마음과 언어와 행위를 도와주는 것입니다. 염불이나 진언, 간경, 좌선 모두 긍정적인 마음을 일으키는 것입니다.

세속에 살면서도 수행을 놓치지 않던 분이 계셨는데, 그분은 대학 시절에 흔히 말하는 '운동권'이었다고 합니다. 그분은 열심히 수행을 한다고는 했지만 매사 부정적인 생각을 버리지 못했는데 몇 년이 지나서 제 토굴로 찾아왔습니다. 그런데 얼굴이 딴 사람 같았습니다. 몸무게도 20킬로그램이나 줄었고 마음과 언어와 행동이 바뀌었습니다. 그동안 일으켰던 부정적인 생각을 참회를 통해 많이 바꿨다고 합니다. 새로운 사바세계를 살고 있는 것입니다. 박복한 얼굴을 가진 분도 염불 수행으로 환골탈태하는 것을 더러 보았습니다.

저도 거울이라는 것을 모르고 살았는데 어쩌다 거울을 잠시 보았습니다. 제 얼굴도 참 많이 변했습니다. '옛 동무가 길에서 나를 만난다면 알아보겠는가.' 하는 생각이 들었습니다.

수행에는
때와 장소가 없습니다

시골에 사시는 어느 보살님의 이야기입니다. 이 보살님은 항상 아이들이 무탈하기를 바라면서 '관세음보살'을 염念하며 사셨습니다. 시간이 지나 아이들이 자라는 것만큼 보살님의 지혜도 날로 커졌습니다. 보살님은 나중에 시쳇말로 '대학 나온 며느리'를 세 명이나 보았는데, 아들을 사랑하듯 며느리들에게도 똑같이 자비심을 나누어 주었습니다. 처음에는 며느리들이 시어머니를 그냥 시골 노인네 정도로 생각했던 모양입니다. 그런데 본인들이 아이를 낳아 키워 보니 시어머니 마음 씀씀이가 보통이 아닌 걸 깨닫게 되었고, 시어머니를 극진히 모시게 되었습니다.

수행에는 나이와 배움의 정도가 상관없습니다. '관세음보살'이든, 진언眞言이든, 간경看經이든, 한 가지 수행을 꾸준하게 하면 가랑비에 옷 젖듯이 자신도 모르게 지혜智慧가 밝아집니다. 지혜의 속성은 평등심과 자비심입니다. 모든 중생을 평등심과 자비심으로 대한다면 갈등과 원망은 사라지며 복福은 절로 쌓입니다. 복과 지혜는 함께 가는 것입니다. 어느 분은 수행을 하면 시간이 아깝다고 하는데 하루에 30분에서 1시간 투자해 정진하고 수행하는 것이 결코 헛된 일은 아닙니다. 삶에서 복과 지혜를 계발하는 아주 소중하고 가치 있는 일입니다. 저 역시 경전을 번역할 때 이런 체험을 많이 합니다. 하루 종일 매달려서 번역하는 것보다는 기도해 가면서 번역할 때 문장이 더 수려해진다는 것을 알게 됩니다.

청정비구清淨比丘

1960년대, 열아홉 되던 해에 명문 상업고등학교를 졸업한 A 스님은 도인道人이 되겠다며 고향을 떠나 기차를 타고 큰절로 출가하였습니다. 그 시절에는 머리는 좋지만 형편이 어려웠던 사람들이 상업고등학교에 많이 갔습니다. 졸업만 하면 취업은 물론 사회에서도 대접을 받던 시대였습니다. 하지만 A 스님은 가족의 기대를 뿌리치고 출가出家하기로 결단을 내렸습니다.

당시는 절집이나 세속이나 배고프던 시절이었습니다. 도道를 닦기 위해 씨름하기보다는 배고픔과 씨름해야 하는 날이 더 많았습니다. 저도 언제인가 어른 스님 앞에서 구참스님의 막행막식莫行莫食을 비판한 적이 있었습니다. 하지만 그 스님은 "배고픈 시절에 다들 도망갔는데 그래도 지금까지 남아서 절집을 지킨 사람"이라고 하시며 그 공덕을 생각해야 한다고 말씀하셔서 한참 부끄러웠습니다.

A 스님은 태고종 소속이었고 가족도 거느리고 있었습니다. 하지만 어느 때인가 '이렇게 사는 게 아닌데.' 하는 생각에 결혼 생활

을 정리하고 조계종으로 다시 출가해 정식으로 계를 받고 행자 생활부터 시작했습니다. 하지만 재출가 당시 가졌던 수행에 대한 간절함은 한철일 뿐, 마음은 늘 콩밭에 가 있었습니다. 또 재주도 많고, 능력도 많은 분이라 수행만 하도록 주위에서 그냥 놔두질 않았습니다. 이판승理判僧, 수행승보다는 흔히 말하는 사판승事判僧, 행정승의 길을 자꾸 걸었습니다. 하지만 소임을 보면 늘 돈 문제로 시끄러웠고 사중 정재淨財가 속가 집으로 자꾸 흘러간다는 말도 나왔습니다. 다른 스님들이 손가락질하고 비난하는 일이 많아졌습니다. 하지만 그 스님을 수행자가 아닌 '한 인간'으로 본다면 또 어쩔 수 없는 일이었습니다. 이혼을 했다고 하나 전처와 세 아이는 물론 당시 아흔이 넘은 모친까지 봉양해야 했던 처지니 인간이라면 어떻게 모른 척만 할 수 있었겠습니까? 개인적으로는 전처보다도 어머니가 더 마음에 걸리지 않았을까 하는 생각이 듭니다.

안 되는 일은 첫 단추부터 꼬이게 마련입니다. 스님의 허물을 늘 감싸 주던 A 스님의 은사 스님도 결국 두 손을 들었습니다. 그러고는 가족을 감추고 살 바에야 떳떳이 드러내 놓고 태고종으로 다시 돌아가 살라는 권유까지 했습니다. 그러나 A 스님은 온갖 수모와 멸시를 다 당하면서도 돌아가지 않았습니다. 본인도 괴로웠

는지 저녁에는 술로 지냈는데, 가족과 먹는 것만 빼면 장점이 참 많은, 능력 있는 스님입니다. 사람이 앞면과 뒷면이 다르니 사형과 사제도, 상좌도 등을 돌려 버렸고 남은 것은 병고뿐이었습니다. 그래도 믿을 것은 도반이라고, 도반의 절에 의탁하며 살았습니다. 담배와 술과 고기로 몸을 혹사시키는 것은 자기 학대입니다. 혹사당한 몸뚱이가 망가져서 병원에서 누워 지내던 스님은 결국 "절에 가서 죽고 싶다."며 도반 스님이 주지로 있는 천년 고찰에서 한 많은 인생을 마무리했습니다. 그 스님은 도반 스님의 헌신적인 배려로 사십구재까지 원만히 회향하였습니다.

열아홉에 먹었던 대도大道를 이루겠다는 꿈은 만신창이가 되었고, 그렇게 한 생이 덧없이 흘러갔습니다. A 스님을 비난하려는 마음은 없습니다. 다만 여린 마음으로 가족과 수행 사이에서 그리고 현실과 이상 속에서 자기를 학대한, '이름만 비구'인 그분에 대한 연민의 마음만 일어날 뿐입니다.

어느 스님은 말합니다. "스님, 업풍業風에는 당할 자가 없습니다." 앞면과 뒷면이 똑같이 깨끗한 온전한 비구가 되기 위해서는 한 생만으로는 충분하지 않습니다. 여러 생의 습기習氣가 있어야 할 수 있는 일입니다. 일보 전진을 위한 이보 후퇴를 반복하면서 저도 전생과 그 전생, 또 그 전생에는 그렇게 살았겠지요. 다들 앞면은 멀쩡해도 뒷면이 구린 것이 중생이고, 털어서 먼지 나는 것이 중생이며, 그늘이 있는 것이 중생입니다. 다겁생多劫生의 망상의 뿌리를 뽑아내고 중생의 때를 벗는 길은 참으로 머나먼 길입니다. 저도 중생이고 다들 중생 아닙니까? 다만 저는 중생 때를 벗고자 용심을 내는 것입니다. 그 차이일 뿐입니다.

A 스님이 다음 생에는 반드시 온전한 비구승으로 대도大道를 이루기를 기원합니다.

진실한 수행

비가 오나 눈이 오나 시골 5일장에 빠지지 않고 나와서 장사하는 노보살님이 있었습니다. 장사를 하면서도 늘 나무아미타불 염송을 잊지 않았습니다. 그런데 어느 장날에 주변 사람들에게 '다음 장날에는 못 나올 것 같다.'고 말씀하시더니 결국 나오지 못했다고 합니다. 장바닥에는 '앉아서 돌아가셨다.'는 소문이 났습니다. 실제 앉아서 돌아가셨는지의 여부는 알 수 없지만 목숨이 다할 때까지 염불하시고 큰병 없이 사바세계를 정리하신 것입니다.

몸뚱이는 업장덩어리입니다. 전생에 지은 업에 따라 사람의 몸으로 또는 짐승의 몸으로, 거죽을 쓰고 나왔을 뿐입니다. 짐승은 종일 먹이를 찾아 헤매기에 공부할 여력이 없고 지혜도 없습니다. 다행히 사람의 몸을 받아도 본질을 등진 채 몸이 원하는 대로, 편하고 좋은 것만 하며 그냥저냥 세월을 보낸다면 이 몸을 떠날 때 업장덩어리가 된 몸뚱이로 고생하게 됩니다.

진실하고 정견을 갖추어야 합니다. 수행해서 부富를 누리겠다는 생각이나 이름을 얻겠다는 생각은 세속적이고 전도顚倒된 생각입니다. 수행은 다겁생의 집착과 탐욕과 어리석은 마음을 정화하고, 나아가 일체중생에 대해 헌신하는 마음을 내는 것입니다.

십 원짜리 살림살이를 가지고 과대망상증誇大妄想症에 걸려 천방지축으로 날뛰며 지내다가는 업장덩어리와 헤어질 때에 허망한 꼴을 보게 됩니다. 경전에서는 삶이 여몽환포영如夢幻泡影, 꿈이나 허깨비, 물거품, 그림자와 같다.이라 했습니다. 무지한 사람은 이것을 닥쳐 봐야 알지만 지혜가 있는 사람은 멀리 보고 알게 됩니다. 이름과 재물은 이 몸뚱이, 이 업장덩어리를 벗을 때 아무런 도움도 되질 않고 오히려 장애가 됩니다. 승속을 떠나서 이름과 재물이 있으면 몸에 더욱 애착을 가지게 됩니다. 이 업장덩어리를 약으로 고쳐 보겠다고 온 사바세계를 헤매고 다니는 것도 보았습니다.

업장덩어리가 약으로 해결되는 것은 아닙니다. 깊은 의식에까지 들어가 집착과 탐심과 어리석음을 뽑아내어야 떠나는 길이 가볍습니다.

남에게 보여 주기 위한 수행은 허망한 것입니다. 시장의 노보살님은 공부에 자랑이 있었겠습니까? 또 자랑한들 누가 알아주었겠습니까? 묵묵히 당신의 공부를 지어 가신 것입니다. 집착과 탐심과 어리석음이 염불이나 진언이나 참선으로 떨어져 나가면 그 자리에서 겸손과 검소함과 만족함과 이웃에 대한 배려심이 우러나옵니다.

악연惡緣

A 스님은 한 성깔 하는 분이셨지만 출가하실 때의 그 마음 그대로 무소유를 철저하게 실천한 분입니다. 선방에서 정진을 하든, 주지 소임 보고 나오든, 항상 살림살이는 걸망 하나였습니다. 제법 큰 절의 소임을 마치고 나오면서 걸망 하나만 메고 나오는 게 쉬운 일은 아닙니다.

그런데 그분이 암으로 원적圓寂하셨다고 합니다. 연세로 보면 입적할 때가 아닌데 '그 한 성깔이 생명을 단축했다.'는 생각이 듭니다. 바람결에 들리는 말로는 그동안 살면서 원수를 다 용서했지만 아버지는 용서하지 못했다고 합니다. 그 소리를 듣고 출가사문이 왜 세속의 아버지를 숨이 넘어가면서도 용서하지 못했을까 하는 의문이 들었습니다.

몇 년의 세월이 흐르고 A 스님을 잘 아는 분으로부터 그 스님이 어릴 적에 계모 밑에서 고생하며 자랐다는 말을 들었습니다. 짐작컨대 어릴 적에 계모 밑에서 혹독한 용맹정진을 하고, 그 한恨이 아버지에 미쳐 결국은 출가사문이 된 후 숨이 넘어가면서도 그 인연을 못 녹이고 간 게 아닌가 생각됩니다. 심리학자들의 말에 의하면 어릴 적 마음의 상처는 평생 간다고 합니다. 그 스님은 부처님의 법을 만나 재물욕과 명예욕은 극복했어도 계모에 대한 한은 극복하지 못했다는 생각에 안타까웠습니다.

옛글에 까마귀가 날면서 배를 떨어뜨렸는데, 마침 배나무 밑 바위 위에서 오수午睡를 즐기던 뱀이 배에 머리를 맞아 죽었고, 그 뱀은 다시 멧돼지 몸을, 까마귀는 꿩의 몸을 받았다고 합니다. 그런데 그 멧돼지가 칡뿌리를 캐 먹는다고 땅을 헤집다가 돌을 굴렸는데 그 돌이 꿩의 보금자리를 덮치는 바람에 꿩이 죽었습니다. 까마귀가 뱀을 죽이려고 한 것도 아닌데 뱀이 죽었고, 멧돼지 역시 꿩을 어떻게 하려고 한 것이 아닌데 꿩이 죽게 된 것이지요. 인과는 이렇듯 정확하다고 합니다. 인과는 돌고 돌아 끝이 없이 이어지는 것입니다. 우리는 돌고 도는 인과의 고리를 끊기 위해서 수행합니다. 결국은 반조返照를 통해 용서하고 거두어 주어야 인과가 멈추는 것입니다. 길거리에서 만나 사소한 시비로 멱살잡이하는 것도 인연이라고 하는데 계모와 전실 자식으로 만나 한 지붕에서 사는 것이 보통 인연이겠습니까? 그것이 악연惡緣이든 선연善緣이든 만나서 빚 탕감한 것인데, 또 한恨을 갖는다면 다음 생에도 이어지겠지요.

　부처님같이 삼명육통三明六通 하신 분이 사바세계를 꿰뚫어 바라보면 머리카락 하나도 다 원인과 결과에 의해서 존재함을 압니다. 사바세계는 하나의 거대한 그물망처럼 연결되어 있어 서로 영향을 주고받고 있습니다. 수행을 통해서 숙명통宿命通이 열리신 분들이야 이 사실이 눈앞에 바로 보이겠지만, 그렇지 못한 우리 중생들은 이런 사실을 통찰하고, 감내堪耐하고, 용서하고, 참회하는 것입니다. 사바세계에 살면서 전생의 빚 없는 사람이 있겠습니까? 그러기에 결정적일 때 고춧가루를 뿌리는 사람도 만나는 것이고 추운 날 담요를 덮어 주는 사람도 만나는 것입니다. 수월 스님은 만주에서 소를 치며 받은 새경으로 주먹밥을 만들어 지나가는 길손에게 베풀었는데 항상 주먹밥에 흙을 뿌리는 사람이 있었다고 합니다. 그렇게 삼 년 동안 애를 먹여도 수월 스님은 언짢은 표정 한 번 없었다고 하는데, 결국 흙을 뿌리던 그 사람은 비적단匪賊團을 따라갔다고 합니다.

　모든 현상과 존재는 인연에 따라 일어났다 소멸하는, 모였다 흩어지는 공성空性일 뿐입니다.

전생 습관

한 스님이 선방에서 정진하는데 침놓을 혈 자리가 훤히 보이더랍니다. 나중에 침에 관한 책을 보았는데 책을 다 볼 필요도 없이 그 내용을 알 것 같다고 말하더랍니다. 그렇게 스님의 침놓는 솜씨가 소문이 났습니다. 그러던 어느 날, 자가용을 모는 사람이 흔치 않던 시절인데, 이 스님이 절에 자가용을 몰고 왔다고 합니다. 서울에 있다고 말했다는데 후로는 어느 수행처에서도 스님을 볼 수 없었다고 합니다. 아마 침 잘 놓아서 돈 생기니 도 닦는 일은 잊고 세속에서 사는 모양입니다.

한 스님은 선방에서 정진하는데 함께 정진하던 스님네들이 허리가 아프다고 해서 지대방에서 이렇게 저렇게 생각대로 만져 주었습니다. 그런데 이구동성 효험이 있다고 하더랍니다. 그분도 허리에 대한 책을 보다가 다 알 것 같아서 던져 버렸는데, 입소문이 나기 시작하니 정진을 못 할 정도로 사람들이 찾아왔다고 합니다. 결국 스님은 잠적해 수행에만 정진한다고 합니다.

우리가 금생을 사는 것은 전생 습관을 가지고 사는 것입니다. 앞선 스님은 전생의 업으로 되돌아 간 것이고, 뒤의 스님은 전생 습관에 빠지지 않고 금생에서 일보 전진하는 것입니다.

출가 인연도 참 큰 인연이지만 공부 인연도 보통 인연이 아닙니다. 부처님 공부를 하자고 마음먹으면 핑계댈 일이 생기고 망상도 많이 일어나며, 공부하고자 하는 마음도 쉽게 무너집니다.

백천만겁난조우百千萬劫難遭遇가 절실히 느껴집니다. 부처님의 법을 만났을 때에 작은 인연으로도 공부 습관을 만들어 가야 합니다. 한 고비를 넘기면 반드시 청량한 벌판을 만나게 됩니다.

노스님

충북 제천에 가면 무암사霧巖寺라는 작은 암자가 있습니다. 이 암
자에는 특이하게도 소의 부도탑이 있습니다. 전설로는 무암사를
창건할 적에 소가 너무 일을 많이 하여 과로로 죽었는데, 스님과
똑같은 식으로 화장했더니 사리가 나와 부도를 세웠다고 합니다.
지금은 불사를 잘 해놓았다고 하는데, 제가 가서 기도할 적에는
모든 것이 열악했습니다.

그곳에서 기도를 하면서 지낼 때 이야기입니다. 올라올 때마다
신도들이 열반하신 '노스님' 이야기를 많이 했습니다. 신도들의 말
을 종합해 보면 노스님은 한국전쟁 당시에 북에서 피난을 나와 출
가한 후 평생을 무암사에서 기도와 울력으로 사신 분이라고 합니
다. 일제강점기 때 수많은 수행의 일화를 남기신 수월 스님처럼
이 노스님도 평생을 자비심으로 회향하고 열반하셨다고 합니다.
열반할 때의 이야기도 신도들 사이에 많이 회자됩니다. 한번은
노스님이 혼자서 밭에서 일을 하는데 누군가 "갈 때가 됐으니 그

만하십시오." 하더랍니다. 그래서 돌아보니 아무도 없어서 다시 일을 하는데, 또 "아, 갈 때가 됐으니 그만하십시오." 하더랍니다. 올라와서 일하는 공양주 보살님께 "아, 내가 오늘 밭에서 일하는데 누가 갈 때가 됐으니 그만하라고 두 번이나 말하는 것을 들었습니다."고 하시더랍니다. 그리고 25일이 지났는데 그날도 밭에서 일하신 후 암자에 올라가 손발을 씻고 한 칸 남짓한 당신 방으로 들어가 그대로 열반하셨다고 합니다.

큰스님청화 스님께서 언제인가 "신장神將님이 감복하도록 공부하라."고 하신 적이 있었습니다. 마음이 진실하면 신장님이 감복합니다. 신장님은 집착이 없기에 진실한 마음으로 수행하면 도와주지만 수행자의 마음이 변하면 미련 없이 떠난다고 합니다. 떠날때 험하게 가는 것은 마음이 진실하지 않기 때문이 아니겠습니까?

옴마니반메훔

실상사에서 기도하며 지낼 때의 이야기입니다. 절에 참배를 왔던 30대 중반의 처사가 "옴마니반메훔이 무엇입니까?" 하고 묻기에 아는 대로 일러 주고 '옴마니반메훔' 수행 책자를 주었습니다.

그 처사가 하는 말이, 어릴 적에 할머니와 함께 살 적에, 잠을 자려고 하면 할머니가 꼭 동백기름으로 머리를 빗고 단정히 앉아 합장하고 '옴마니반메훔' 하며 염송했다고 합니다. 처사의 말에 의하면 할머니의 방에서는 향기가 나는 것 같았고, 거기서 놀거나 낮잠을 자면 그렇게 편했다고 합니다.

무슨 수행을 하든지 탐심이 떨어지면 향기가 난다고 합니다. 신라 시대에는 스님을 향인香人이라고 했습니다. 그 시절 스님들은 다 공부가 익어서 향기가 났던 것입니다. 경전에도 염불이 깊어지면 향기가 난다는 말이 있습니다. 처사는 할머니가 돌아가시던 날 이야기를 들려주었습니다. 빨래를 하시다 쓰러지신 할머니를 모시고 처사의 아버지와 어머니가 병원에 모시고 갔는데 병원에서는 이상이 없다고 하더랍니다. 그런데 할머니는 집으로 오시면서 차 안에서 유언을 말씀하시더랍니다. 아버지와 어머니가 "어머니, 왜 그런 서운한 말씀을 하세요. 병원에서는 이상이 없다고 하던데요." 하니 "얘들아, 나는 내 죽을 날을 안다. 오늘을 못 넘길 거다." 하시더니 그날 저녁에 돌아가셨다고 합니다.

진언을 하든지 염불을 하든지 진실한 마음이 중요한 것입니다. 인연에 따라 수행법을 택하여 진실하게 마음을 닦아 나간다면 삼독심三毒心이 다 녹아지고 극락왕생하는 것입니다.

가재와 잉어는
만날 일이 없습니다

같은 물줄기에 살아도 상류 1급수에 사는 민물가재와 하류 3급수에 사는 잉어는 만날 인연이 없듯이, 우리도 업과 인연에 따라 동업중생으로 모여 삽니다. 출가사문도 추구하는 삶의 가치가 다르면 사형, 사제지간에도 만날 일이 없습니다. 우리가 이렇게 만났던 저렇게 만났던 한 자리에 모여 있다는 것은 대단한 일입니다.

세속적 안목으로 보면 검사와 죄인은 하늘과 땅이지만, 지혜의 안목으로 보면 서로 물고 물리는 동업중생일 뿐입니다. 3급수의 혼탁한 물속에서 원망과 갈등, 미움이 뒤섞여서 지지고 볶으며, 전생 빚 탕감하면서 사는 것입니다. 이러한 연기緣起의 사실을 직시한다면 원망과 갈등, 미움을 놓을 수가 있습니다.

미움과 원망, 갈등이 가득한 삶에서 벗어나는 길은 생각과 행위를 바꾸는 것입니다. 이것을 수행이라 합니다. 부정을 긍정으로, 미움과 원망을 연민으로 바꾸는 것이 바로 수행입니다. 생각으로

만 마음 바꾸기가 힘들기에 염불도 하는 것이고, 진언도 하는 것이고, 절도 하는 것입니다.

수행을 통해 미움과 원망, 갈등을 다 녹여 버리고 연민심만 가득하다면 그대로 서방정토 극락세계입니다.

신장이 감복하도록
정진하라

오래전 이야기입니다. 산중에서 기도하면서 사시는 스님이 한 분 계셨는데 어느 추운 겨울날, 새벽기도 와중에 발이 따뜻하기에 내려다보니 호랑이가 다리를 감싸고 있더랍니다. 스님이 놀라서 눈을 감고 정신없이 목탁만 치다 보니 날이 밝아 왔고 호랑이는 온데간데없었다고 합니다. 며칠 후에 마을 사람들이 올라와서 '어느 날이 가장 추웠다.'고 말했는데 그날이 바로 호랑이가 기도하는 스님의 발을 감싼 날이었습니다. 추운 겨울에도 깊은 산중에서 혼자서 정갈하게 기도 정진하시니 이를 걱정하신 산신령_{호랑이}님이 스님의 발을 감싸고 계셨던 것입니다.

1960년대 통행금지가 있었던 때의 이야기입니다. 부산의 어떤 여신도님의 꿈에 신장이 나타나서 "통영의 어느 곳에서 공부하시는 스님의 식량이 떨어졌다."고 호통을 치더랍니다. 이분이 놀라서 깨고는 통행금지 시간이 풀리기를 기다렸다가 다른 신도 몇 명과 함께 택시를 대절하여 쌀을 가지고 꿈속의 신장님이 가르쳐 준

곳으로 찾아갔다고 합니다.

　신도들이 찾아가 보니 한 스님이 바위에 앉아 선정에 들었는데 약한 서리가 일부는 승복에 내려앉아 있고 일부는 아침 햇살에 녹아 있었다고 합니다. 밤새 그렇게 앉아 계셨던 거지요. 신도들이 이것을 보고 감복해 땅바닥에 엎드려 삼배를 드렸다고 합니다. 식량이 떨어져 굶어 가면서도 스님이 용맹정진하시니 신장님이 대신 부산으로 탁발을 나간 것입니다.

　은사 스님청화 큰스님께서 토굴에서 정진하는 제자에게 "신장이 감복하도록 정진하라." 하시면서 혼자 정진하더라도 나태하게 하지 말 것을 당부하셨다고 합니다. 이는 그냥 하시는 말씀이 아니라 다 경험과 뜻이 있어서 말씀하신 것입니다.

　홀로 정진한다고 해도 혼자가 아닙니다. 홀로 청정하게 정견을 가지고 정진한다면 주변에서 다 알고 도움을 줍니다. 다만 계행 없이 게을러지면 정진에 장애가 생기고 퇴굴심退屈心이 일어나는 것입니다. 저도 혼자서 정진하면서 게으른 마음이 일어나면 늘 자책합니다. "신장이 감복하도록 정진하라."

삶에서
비 오고 눈 오고 바람 불고 날씨가 맑은 것에
마음을 빼앗길 일이 없습니다.
비 오면 비 맞고 눈 오면 눈 맞고
바람 불면 바람 부는 대로
묵묵히 마음공부 지어 가면

업業이 다하는 날에
화창한 봄날이 오는 것입니다.

어제의
고통이
오늘의
행복입니다

일체중생에게
회향하는 자비

  무더운 여름, 사바세계의 허물을 벗어 놓고 숲의 터널태안사 입
구에서 태안사까지 3킬로미터 정도가 하늘이 안 보이는 숲의 터널입니다. 을 지나 태
안사로 출가하였습니다. 행자 생활을 마치고 동안거를 큰방에
서 정진하며 보내는데, 앉아 있으면 미운 사람이 떠오르고 억
울한 마음이 일어나 아미타불은 간 곳이 없습니다. 좌선이란
널뛰는 마음의 앙금을 가라앉히고 바라보는 것입니다. 정신없
이 바삐 살다가 보면 업을 지어도 업 짓는 줄 모르고 살게 되고
그것이 쌓이면 사고가 터집니다. 미워하는 마음, 억울한 마음
을 가지고는 수행을 할 수가 없습니다. 이리저리 생각하고 연
구하던 중에 손에 잡힌 책이 『자비관』입니다. 법당에서 절을
하면서 억울한 마음이 일어나면 용서하고 미워하는 사람이 떠
오르면 그를 축원하면서 보냈습니다. 한철을 그렇게 보내고 나
니 어느 정도 마음의 평정을 찾았고 그 후로도 법당에서 절하
면서, 염불하면서, 자비관을 하면서 그렇게 업장을 녹여 가며
부처님 공부를 이어 나갔습니다. 수행을 통해 마음의 허물을

벗으면 그만큼 사바세계가 새롭게 펼쳐지는 것입니다.

자비심은 일체중생에게 이익을 줍니다. 북유럽 추운 곳에서 유독 한 집의 화단이 화려했는데, 그 집 주인이 매일 한 시간 정도 화단에서 꽃에 대한 자비관을 했다는 것입니다. 식물도 사람의 감정을 느낀다는 것은 이미 과학적으로도 증명된 사실입니다. 미국의 한 연구소에서 토끼를 대상으로 실험을 했습니다. 한 집단의 토끼는 먹이를 주면서 한 번씩 안아 주었고, 다른 집단의 토끼는 그냥 먹이만 주었습니다. 실험 결과 둘의 차이는 명확했습니다. 식물과 짐승뿐 아니라 심지어 물까지도 사람의 감정에 따라 반응합니다.

사람도 긍정적인 마음과 자비심을 일으키면 유익한 신경 물질이 뇌에서 각 장기로 보내진다고 합니다. 우리가 보리심菩提心을 지니며 바른 수행을 이어 간다면 몸과 마음이 건강한 삶을 누릴 수가 있지만 이기심利己心을 지니고 공부를 이어 가면 오래갈 수도 없고 병만 얻을 뿐입니다. 이기심은 동물적 본능이지만 마음공부를 하는 사람에게 이기심은 독약입니다. 어디 수행자뿐이겠습니까? 기업도 이윤만 추구하다 보면 생명이 짧아집니다. 우리 사회에 만연한 이기심은 사회를 낙후시키며 결국 우리가 그 결과를 다 받게 됩니다.

염불 수행念佛修行이란 부처님을 생각[念]하고 관찰[觀]하면서 부처님의 마음과 행을 닮아 가는 것입니다. 그리고 자비관이란 누구나 간직한 연민하는 마음을 일체중생에게 회향하는 것입니다.

'나무아미타불' 염불은 세월이 가면서 하나의 빛으로 귀결됩니다. 그것은 말 그대로 무량수불無量壽佛과 무량광불無量光佛, 즉 끝없는 생명의 바다이고 끝없는 빛의 세계입니다. 자비관 역시 '일체중생이 모든 고통을 여의고 행복하길.'에서 '일체중생의 고통을 다 거두어 주겠습니다.'로 귀결되는 것입니다.

다리를 포개고 허리를 곧추세우며 천천히 날숨과 들숨을 하면서 천 개의 손과 천 개의 눈을 가지고 일체중생의 고통을 거두어 주는 관세음보살님이 되어서 염송합니다.

"일체중생의 고통을 모두 다 거두어 주겠습니다."

약한 것이든 강한 것이든, 길거나 짧거나, 중간치이거나 미세한 것이나 거대한 것이나, 눈에 보이거나 보이지 않거나, 멀리 있거나 가까이 있거나, 태어난 것이나 태어나려 하는 것이나 일체중생의 고통을 모두 다 거두어 주겠습니다. 무수히 고통 받는 사바세계의 중생을 관상하면서 날숨에 따라 마음의 빛, 자비의 빛, 무량수불, 무량광불이 되어서 온 우주에 방사합니다.

아, 남은 것은 무량수불과 무량광불의 끝없이 이어지는 무한한 광명뿐입니다.

나무 서방정토 극락세계 불신장광 상호무변 금색광명 변조법계 사십팔원 도탈중생 불가설 불가설전 불가설 항하사 불찰미진수 도마죽위 무한극수 삼백육십만억 일십일만 구천오백 동명동호 대자대비 아등도사 금색여래 아미타불!

아, 나무 서방정토 극락세계

아미타불의 몸이 온누리에 가득하고 아미타불 부처님의 얼굴 또한 끝이 없네. 금색광명으로 온 우주를 두루 비추어 48원력으로 일체중생을 깨달음으로 인도하네. 그 불가사의함을 가히 말할 수 없고 전하여 말할 수 없고 말할 수 없네. 온누리에 모든 생명은 아미타불, 똑같은 자비의 금색광명으로 일체중생을 제도하는 생명이며 스승님이네.

광명이, 빛이 관상觀想이 되면 그때는 앉거나 서거나 방해되지 않습니다. 포행하면서 천수천안관세음보살이 되어서 일체중생에게 연민하는 마음을 빛에 실어 방사하며, 이기심으로 가득 찬 중생들의 척박한 마음을 풀어 주는 다라니陀羅尼를 빛에 실어서 들려주는 것입니다. 차 한 잔 마시면서도 일체중생의 모든 고통을 거두어 주겠노라고 빛에 실어서 서원誓願합니다. 신호 대기하면서도 뭇 중생들을 구품 극락세계로 인도하는 진실한 말, 즉 만트라로 아미타불을 빛에 실어서 들려주기도 합니다.

이렇게 생각, 염념상속念念相續, 일행삼매一行三昧, 일상삼매一相三昧의 순으로 수행을 한다면 시간이 갈수록 생각하는 것이 깊어지고 나아가 실증實證하는 깊은 삼매에 들어갈 수 있습니다. 생각에서 실증까지 걸리는 시간은 석 달이 될 수도 있고 삼 년이 될 수도 있고 십 년이 될 수도 있습니다. 아니면 다음 생이 될 수도 있습니다. 옛 선지식은 염념상속하면서 시절인연時節因緣을 기다리라는 법문을 한 적도 있습니다.

흔히 성숙되지 않은 조직이나 사회에서는 획일성을 강조합니다. 절집에서도 한 가지 수행법만을 고집하며 복종과 강요를 요구하지만 이것은 영적靈的 수준의 미숙함을 보여 주는 것입니다. 부처님께서는 다양한 수행법을 가지고 제자들을 가르쳤고 많은 아라한을 일구어 내셨습니다. 인연과 업이 다양하기에 수행법 역시 다양할 수밖에 없으며, 개인의 기질에 따라 알맞게 수용해야 합니다. 마치 한 가지 재료를 가지고 취향에 따라 다양한 음식을 만들어 먹을 수 있는 것처럼 말입니다. 저는 염불선과 자비관을 가지고 제 기질에 맞도록 수정해서 공부를 지어 가고 있습니다. 어느 수행법이든 삼귀의三歸依와 계戒·정定·혜慧의 삼학이 갖춰져 있다면 바른 길로 가는 것입니다.

평등심과 헌신

부처님 공부를 지어 가는 데는 마음이 우선입니다. 부차적으로 부처님과 똑같은 마음을 지어 가기 위해서 먹는 음식과 자세도 중요합니다. 잘 알다시피 절집에서는 육식과 오신채를 금하고 있습니다. 공부를 지어 가는 데 절집 음식이 좋기는 하지만 꼭 그렇지는 않습니다.

연세가 있으신 비구니 스님과 밖에서 공양한 적이 있습니다. 간단한 수제비를 깐깐하게 따지며 주문하니 주문받는 보살이 짜증을 내는 터라 같이 있던 제가 다 미안했습니다. 우리가 오신채나 고기를 가려 먹는 것도 좋지만, 부처님 말씀을 잘 새겨 보면 공양 올리는 사람이 불편하지 않게 하는 것이 원칙입니다. 그래서 부처님을 위한 살생을 하지 말고, 대신 이미 죽은 고기는 공양을 올려도 좋다고 허락하셨던 것입니다. 고기 한 점이 중요한 것이 아니라 고기 한 점으로 불편한 사람이 없어야 한다는 것입니다. 절이나 내가 챙겨 먹을 때는 금기 음식을 안 먹으면 되고 어쩔 수 없이 밖에서 공양할 적에는 공양 올리는 사람이 불편하지 않게 하는 것이 바른 수행의 마음가짐입니다.

어느 분은 좌선할 때도 결가부좌만을 강조하시는 분이 있습니다. 물론 결가부좌가 좋은 것은 사실이나 이 또한 절대적이지는 않습니다. 선방에서 한 스님이 결가부좌를 하느라 용쓰면서 그 힘든 성질을 주변 스님들에게 다 부리니 주변 스님들이 애를 먹습니다. 공부를 하는데 주변 사람이 불편해 하면 안 하느니만 못한 것입니다.

부처님 공부와 마음공부에 가장 장애가 되는 것이 사고의 경직성입니다. 부처님 공부를 하며 내면으로 깊이 들어갈수록 마음이 부드러워지고, 겸손해지고, 소박해지고, 용서하는 마음과 자비심이 우러나는 것인데, 수행의 인연이 박복한 분들은 수행 이력과 상관없이 마음이 고약해지고 본인의 소아적小我的인 생각 이외에는 다 부정합니다. 화두를 하든, 염불을 하든, 진언을 하든, 간경을 하든, 우리가 추구하는 깨달음은, 반야般若라는 평등성平等性과 보살菩薩이라는 헌신獻身입니다.

길고 짧음, 크고 작음, 많고 적음, 더럽고 깨끗함의 겉모습에 속아서 사는 중생이 화두와 염불과 진언과 간경의 수행을 통해서 무명을 걷어 내고 순수한 의식과 불성과 반야가 드러났을 때는 모든 것이 평등하다는 것을 압니다. 이 자리에서 중생을 향하는 보살의 연민하는 마음이 일어나고 중생을 위해서 헌신하는 것입니다.

'평등심과 헌신', 그렇게 살고자 노력합니다. 그것이 수행입니다. 평등심과 헌신이 완성되었을 때 중생에게 보살이라 불리게 되는 것입니다.

운명개조론

저는 스님이라는 호칭 외에 원예사라는 호칭도 가지고 있습니다. 출가 전의 업이 원예라서 이 두 가지를 잘 활용하며 살고 있습니다. 잠시 객승으로 살아도 도량에 꽃나무 심으며 텃밭 일구고, 염불하며 정진하고 지내면 도량도 마음도 윤택해집니다. 태안사 시절에는 능소화를 심었는데 언젠가 잡지에서 '태안사에 흐드러지게 핀 능소화' 기사를 보고는 대견하게 생각했습니다.

경험으로 살펴보면 사람이나 식물이나 짐승이나 똑같은 생명의 원리를 가지고 있습니다. 인연과 업보신에 의해서 보이는 모습화신이 다를 뿐입니다. 율장에 보면 과분한 공양을 받은 사미승이 그 과보로 공양 받은 집의 정원에 버섯으로 몇 번을 태어나 빚을 갚았다는 글이 있습니다. 인연과 업에 따라 식물의 몸도 받을 수 있는 것입니다.

처사 시절에는 노심초사하며 '어떻게 하면 꽃을 잘 기를까?' 생각했고 지금은 '어떻게 하면 도道를 이룰까?' 생각합니다. 그러나 작물의 우열은 종자운명론가 우선 결정하고 다음이 관리인연이나 노력입니다. 다시 말하면 15센티미터 자라는 당근 씨앗이 있고 30센티미터 자라는 당근 씨앗이 있습니다. 15센티미터 자라는 씨앗을 심고 최적의 환경노력을 조성해 주어도 30센티미터로는 자랄 수가 없습니다. 반면에 30센티미터 자라는 씨앗을 심고 대충 관리해도 20센티미터는 자랍니다. 그렇다면 15센티미터 자라는 당근의 씨앗을 심고 최적의 환경을 조성해 주면 얼마나 더 자랄 수 있을까요? 정확한 과학적 통계는 없지만 경험상 대충 20~30퍼센트, 그러니까 20센티미터 정도는 자랄 수 있다고 생각합니다.

출가하기 전에 제가 꽃을 팔기 위해 서초동 꽃 시장에 나가면 다들 우리 집 꽃만 쳐다보며 "저 집 꽃은 종자가 다른가?" 하며 감탄했습니다. 왜냐하면 상품의 질이 차이가 나기 때문입니다. 하지만 같은 종묘 회사에서 나온 같은 씨앗입니다. 같은 종자의 꽃이라도 관리에 따라 그 질이 20~30퍼센트 정도 차이가 납니다.

사바세계의 대세도 운명론입니다. 소위 역학易學이라는 것은 운명론運命論을 바탕에 둔 이론입니다. 운명은 이미 정해졌고 태어난 시時라든가 얼굴 생김새라든가 손에 난 금을 보고 인생의 길흉吉凶의 시간표를 추정하는 것입니다. 그러나 우리가 공부하는 부처님의 가르침은 운명개조론運命改造論입니다. 수행을 통해 업을 녹이고 운명을 개조하고 더 나아가 성불한다는, 누구나 성불할 수 있는 절대긍정의 세계를 말하고 있습니다.

그러나 현실적으로 수행해서 성취하는 데에는 경험으로 볼 때 종자운명론, 즉 선근이 가장 중요한 것이며 그 다음이 정진입니다. 수행도 이미 선근에서 결정된다 해도 과언이 아닙니다. 옛글에서도 알고 태어난 사람, 배워서 아는 사람, 배워도 모르는 사람 등으로 분류했습니다. 사바세계에서 소위 명인이나 달인 소리를 듣는 사람들은 노력도 했지만 이미 알고 태어난 사람들입니다.

저는 가끔 생각합니다. 우리가 금생에 수행을 통하여 얼마나 운명을 바꾸고마음을 바꾸고, 업을 녹이고 더 나아가 성불할 수 있을까? 작물은 주인을 잘 만나면 20~30퍼센트 성장할 수 있다는데 사람은 얼마나 많이 성장할 수 있을까요? 현재 주변인들의 삶을 살펴보면 결국은 대부분이 '업대로 살다가 가는' 것 같습니다.

우리가 업을 녹이고, 생각을 바꾸고, 운명을 바꾸는 길은 스스로 수없이 채찍질하면서 삶을 역류해 올라가는 참으로 힘든 길입니다. 그렇기 때문에 대부분의 신도나 스님들이 "놔두소! 업대로 살겠소!" 하는 무사안일에 빠져 있는 것도 사실입니다. 업보의 고통을 아는 사람은 눈물이 나지만 어쩔 수 없는 일입니다.

한 생의 업을 5퍼센트 바꾸든 30퍼센트를 바꾸든 간에 업을 점점 닦아 나가는 것은 돈오점수頓悟漸修입니다. 그러기에 경전에서는 많은 수행 단계를 말하고 있습니다. 그러나 식물에는 원인을 알 수 없는 돌연변이라는 것이 있습니다. 15센티미터 자라는 당근 씨앗의 십만 개 중에 하나 또는 백만 개 중에 하나가 예기치 못하게 30센티미터를 자란다는 것입니다. 품종개량은 이런 돌연변이를 연구함으로써 이루어지는 것입니다. 절집 말로 돌연변이는 돈오돈수頓悟頓修이며 일초직입여래지一超直入如來地, 인간은 출생하면서부터 이미 부처라는 것을 스스로 깨달아 수행자가 바로 절대의 경지의 경지에 들어가는 것입니다. '다라니 일독으로 보살 초지初地에서 팔지八地로 뛰어올랐다!', '숨넘어갈 적에 나무아미타불 열 번만 해도 업이 다하여 극락세계에 왕생한다.'는 논리입니다.

큰절에 살 때 성격에 문제가 있는 A 스님이 있었습니다. 짐작하건대 어릴 적에 박복하게 자란 것 같습니다. 아무리 사람이라도 어릴 때의 박복함 때문에 평생 성격적 문제를 가지고 살 수도 있습니다. A 스님이 지대방에 들어오면 안에 있는 스님들이 다들 나가고 도서관에 들어가면 안에 있던 스님들이 다들 나가 버렸습니다. A 스님이 있으면 항상 시비가 벌어지고 잘못하면 싸우게 되니

다들 피하는 것이었습니다.

소위 왕따인 A 스님이 갈 곳은 법당밖에 없었습니다. 더운 여름이나 추운 겨울이나 법당에 누구인 줄 모르게 신발 들고 들어가 부처님 뒤의 불단 밑 공간에서 뭘 하는 것입니다. 법당 밖에서 들리는 소리는 '……다', '……다', '……다', '……다'일 뿐인데 짐작으로 A 스님이 '다라니를 하는구만.' 하고 생각하니 마음이 짠했습니다.

제가 큰절에서 나올 때까지도 다들 A 스님을 싫어했습니다. 그 후에 큰절에 다시 갔더니 A 스님이 대중 스님들의 찬탄을 한몸에 받고 살다가 떠났다고 했습니다. A 스님이 점심 공양 후 매일 큰 법당에 들어가 『금강경』, 『관세음보살보문품』, 『보현행원품』을 독송하는데그때도 법당 뒤 불단 밑 공간에서 법당에서 참배하던 신도님들이 독송 소리에 감복을 해서 법당 보살님에게 '저 스님, 누비해 주라.'며 옷을 항상 남루하게 입었어요. 보시를 했다고 합니다. 그렇게 보시 받은 것이 누비 열 벌 값이었고, 그 열 벌을 누비 없는 스님에게 회향했다고 합니다. 또한 A 스님은 환골탈태換骨奪胎한 것처럼 사람이 완전히 변했다고 합니다.

천에 하나 만에 하나라서 그렇지 노력하면 돌연변이로도 업을 녹일 수 있는 것입니다. 우리가 '업이 녹았다, 운명이 바뀌었다, 깨달았다.' 하면 어제의 삶과 오늘의 삶이 완전히 달라집니다. 업을 녹이는 데는 인고의 세월이 필요한 것입니다. 그 인고의 세월을 넘기면 극락세계가 펼쳐지지만 다들 인고의 세월을 피하고 두려워하는 것뿐입니다.

집착

　예전에 산철에 제법 큰 절에서 객승으로 지낸 적이 있었습니다. 어느 날은 주지 스님께서 '오늘 천도재 막재가 있으니 참석 좀 해 달라.'고 부탁하셨습니다. 그래서 시간에 맞추어 법당에 들어가 보니 법당 한쪽 면에 온갖 과일과 재물이 차려져 있는데, 그 규모가 상상을 초월할 정도였고 어른 스님을 비롯한 전 대중이 다 참석해 있었습니다.

　뒤에 자리 잡고 앉아서 보니 법주 스님불사나 회상의 높은 어른으로 추대된스님의 염불은 구성지긴 하지만 다 새어 나가는 염불이었습니다. 내공이 실린 염불은 한 구절 한 구절이 과녁에 화살이 꽂히듯 합니다. 그 자리의 전 대중이 염불을 함께해 주었지만 영가가 떠나질 못했습니다. 상다리가 부러지게 재물을 올리고 대중이 함께 염불을 해 주어도 영가 자신이 집착하면 할 수 없다는 생각이 들었습니다. 사십구재에 초청된 영가는 생전에 평생을 절에 다녔다고 합니다. 아마 그 정도로 큰 사십구재면 시주도 많이 했겠지요. 그러나 우리가 흔히 생각하듯 '절에 오래 다녔다.'고 해도, '시주를 많

이 했다.'고 해도 집착을 버리지 못했다면 죽어서 책주귀신噴主鬼神
이 되는 것입니다.

　생명이 있는 것은 생生·노老·병病·사死가 있음을 누군들 모르겠습
니까? 다만 지혜가 있는 사람은 준비를 합니다. 마음공부라는 것
이 결국은 내려놓는 것입니다. 마음 내려놓기와 마음 비우기가 쉽
지는 않지만 늘 연습하여야 합니다. 늘 연습한다는 것은 염불 수
행이며, 진언이며, 간경이며, 좌선입니다. 늘 재가에 계신 분들에
게도 나이가 들수록 먹는 것, 생활하는 것, 생각하는 것을 부처님
의 법대로 해야 한다고 말합니다. 그것이 가장 이상적인 삶이기
때문입니다. 그리하면 집착과 욕심이 원력으로 변하고 다시 그 원
력으로 사바세계로 돌아오는 것입니다.

원력 願力

자성원에서 소임을 살던 시절에 특이한 객승이 찾아왔습니다. 낡은 티코를 타고 보살에 애들까지 데리고 왔는데 "어떻게 알고 왔느냐?"고 물으니 길 가다 절 표시를 보고 찾아왔다고 했습니다. 속칭 '전문 객꾼'이었지만 부처님 법이 인연법이라 차 한 잔에 객비까지 챙겨 주었습니다. 이후로 한 달에 한 번 정도 정확히 찾아왔고 나 역시 아무 부담 없이 해 주었습니다. 몇 번 찾아온 후에는 술술 말문이 열렸습니다. 물도 전기도 없는 산중에 토굴을 짓고 무슨 질긴 인연인지 가족을 이루어 모여서 산다는 것입니다. 그들이 오는 날에는 냉장고를 다 털어서 먹을 것도 싸 주고 여비도 주고 하였습니다. 그들도 소풍을 오는 기분으로 자성원을 찾아오는 것 같았습니다. 애들은 잔디에서 마음껏 뛰어놀다 갔습니다. 그러던 어느 날, 객승이 저에게 이렇게 말했습니다. "스님, 제가 금생에는 이렇게 살지만 다음 생에는 꼭 공부를 할 것입니다."

한 꺼풀 벗기고 보면 스님 생활은 보통일이 아닙니다. '저거, 출가자도 아니'라고 비난을 받지만 다들 대자유인, 대도인大道人이 되겠다며 출가한 불보살의 화신化身입니다. 하지만 막상 해 보면 업業이 받쳐 주질 못합니다. 객승도 금생에는 원력을 세우고 다음 생을 바라보면서 중이 될 생각을 가지려고 애쓰는 것입니다.

한 생각 돌이켜 보면 스님이 잘산다고 해 봐야 오십보백보의 차이일 뿐입니다. 머나먼 길, 다들 부족하기에 중생의 삶을 살고 있는 것입니다. 금생에 부족하더라도 애쓰고 원력을 세운다면 다음 생에는 좀 더 나은 모습으로 올 수 있습니다.

복혜 쌍수

언제인가 택시를 타고 가는데 젊은 기사분이 묻습니다.

"스님, 운명이 있습니까?"

"예, 있습니다."

"사람은 운명대로 살아갑니까?"

"예, 그렇습니다."

"운명을 바꿀 수 있습니까?"

"예, 바꿀 수 있습니다."

"어떻게 해야 운명을 바꿀 수 있습니까?"

"착한 일을 많이 하면 운명이 바뀝니다. 이웃에 초상이 나면 초상집에 가서서 몸으로 많이 도와주시고, 누가 입원해 있으면 자주 가서 돌보아 주시고, 돈 없으면 몸으로라도 부지런히 이웃을 위하여 도와주시면 운명이 바뀝니다."

기사분이 한참 말이 없더니 이렇게 말합니다.

"그거, 참 어려운 일이네요."

부처님 공부는 결국은 나의 타고난 운명을 바꾸는 일입니다. 어렵게 한 세상에 태어나서 그냥저냥 주어진 업대로 사는 것에 서운한 마음을 가져야 합니다. 불교 용어로 '발보리심發菩提心'이라고 합니다. 보리심을 가꾸어 나가는 것이 복혜쌍수福慧雙修, 즉 복도 지으면서 지혜도 닦아 나가는 것입니다. 복덕을 무시한 채 오로지 정진만 하시는 분들은 잠깐은 공부에 전진이 있는 것 같아도 세월이 가면 이런저런 이유로 거의 낙오자가 됩니다.

옛 스님들도 공부에 진전이 없으면 복을 짓는다고 하면서 공양주를 자청했다고 합니다. 지혜란 결국은 마음의 벽을 허무는 것입니다. '나'라는 아상我相, 즉 자기중심적인 생각은 나를 학대합니다. 수행을 통해서 미로迷路와 같은 마음의 벽을 허물어야 합니다. 마음의 벽을 허문 만큼 자유로울 수 있으며 또 그만큼 중생에게 베풀 수 있습니다. 복과 지혜가 함께 어우러져 굴러가는 것입니다. 염불 수행이나, 진언 수행이나, 참선 수행이나, 간경 수행이나 어떤 공부든 바른 공부를 지어 간다면 복과 지혜가 함께하는 것입니다.

복력의 차이

　시골에서 벌을 키우는 처사가 본인은 벌통 일곱 개를 올려놓는데 옆집은 서른 개를 올려놓는다고 푸념을 합니다. 샘이 나서 용을 쓰고 해도 못 따라 가겠다는 것입니다. 짐승을 길러 본 사람들은 알 것입니다. 잘되는 집이 있고 안 되는 집이 있다는 것을. 한 생을 살면서 몇백 억 재산을 벌어서 남기고 가는 사람도 있고 몇십 억의 빚을 남기고 가는 사람도 있습니다. 사바세계는 복력으로 사는 것입니다. 복력의 차이는 하늘과 땅 차이입니다.

　'한 생을 노력해도 빈손이다.', '아직까지 선善하게 살았다.'고 하면서 세상이 불공평하다고 한탄들 하지만 법계法界는 공평할 뿐입니다. 한 생으로 본다면 칠십 평생이 긴 세월이지만 다겁생으로 본다면 그 한 생은 순간일 뿐입니다. 짧은 순간에 복을 지으면 얼마나 지었고, 선업을 지었으면 얼마나 지었겠습니까? 깨어 있는 의식을 가지고 인과를 바로 보아야 합니다.

　대부분의 부자들이 욕을 먹고 있습니다. 복이 있어서 재물은 모았는데 지혜가 부족해서 정신적으로는 천박하게 살기 때문입니다. 복과 지혜를 구족하기가 그렇게 힘들다고 합니다. 검소하게 사는 것이 복을 아껴 쓰는 것입니다. 재물을 건전하게 회향하는 것이 복을 짓는 일입니다.

어디 재물뿐이겠습니까? '이웃을 배려하는 마음이 복과 지혜를 쌓는 일이다.' 이 마음이 대승경전의 요체입니다. 이해하기도 쉽지 않지만 행하기도 참 힘든 일입니다.

시봉하기 위한 공부

사바세계는 이익을 다투면서 살아가는 곳입니다. 속된 표현으로 밥그릇 싸움을 하면서 살아갑니다. 원숭이의 일과는 먹고 짝 짓기하고 권력 투쟁 하는 것으로 끝난다고 합니다. 인간의 삶도 이 범주 안에서 이루어지고 있습니다. 인간도 그저 털 없는 원숭이에 불과합니다. 인간만이 한다는 학습과 공부도 남을 지배하기 위한 것일 뿐입니다.

사바세계에 오셔서 가장 가치 있는 삶을 보여 주신 부처님께서는 이기심을 버리고 이타심을 기르라고 말씀하셨습니다. 절집에서 말하는 공부라는 것은 '이기심을 버리고 이타심을 계발하는 것'입니다. 대접을 받자고 하는 공부가 아니라 중생을 시봉하기 위해서 하는 공부입니다.

이기심은 독약이고 이타심은 보약입니다. 이타심은 순수한 마음입니다. 처음에는 인위적으로라도 이타심을 간직하고 염불이든, 진언이든, 간경이든, 좌선이든, 수행을 해서 내면으로 들어가다 보면 자비심과 평등심이 일어나게 됩니다. 결국은 인위적인 것이 소멸하고 중도證道를 깨쳐 순수한 자비심과 평등심으로 일체중생의 고통을 거두어 주는 것입니다.

이것이 사바세계에서 가장 가치 있는 일이며 복과 지혜를 지어가는 수행입니다. 또한 건강하게 오래 할 수 있는 수행이며 완성하는 수행입니다.

'족은' 며느리

외출했다가 절에 들어오니 웬 노보살님이 법당 앞에 앉아 계셨습니다. "보살님 어떻게 오셨어요?" 하고 물으니 "족은 며느리가 법당 가 보라고 해서 왔는데, 신발이 더러워서 못 들어가고……." 라고 하시는 겁니다.

'족은 며느리? 말투로 보면 죽은 며느리는 아닌 것 같고…….' 잠시 골똘히 생각하다가 "아, 작은며느리요?" 하니 그제야 "예, 우리 족은 며느리가 밭 옆에 절 있다고 가 보라고 해서 오늘 밭일하다가 왔어요." 하셨습니다. "예, 잘 오셨어요." 하며 방에 들어오시라고 해도 옷이 더럽다며 뿌리치시고는 굳이 문턱에 앉으셨습니다. 보이차를 한 잔 드리니 짧은 이야기로 한생을 다 풀어 놓으셨습니다.

"4.3 사태 때 부모님이 다 돌아가시고 외가에서 자라면서 외할머니 따라 절에 갔는데, 절을 백 번 해야 한다고 해서 '백 번'도 하고, '관세음보살', '옴마니반메훔', '수리수리 마하수리'도 하고…… 시집이라고 갔는데…… 영감을 많이 미워해서 죄를 많이 지었어요. 큰며느리도 절에 다니고 족은 며느리도 절에 다녀요……."

제주 사람 가운데 가족이 4.3 사건에 관련이 안 된 이가 없습니다. 해방 당시 제주도 인구가 30만 명이었는데 정확한 통계가 없어서 알 수는 없지만 죽었다는 사람이 7만 명이다, 5만 명이다, 3만 명이다 합니다. 특히 젊은 남자가 많았습니다. 한 마을의 남자들이 전부 몰살당한 곳도 있었고 마을 전체 주민이 학살당한 곳도 있었다고 합니다. 일본군 출신 경찰과 이북에서 피난 온 서북청년단이 출세를 위해 무리한 진압을 했고, 힘없는 백성은 무차별 학살을 당했습니다. 학살당한 사람들의 가족도 빨갱이라는 누명을 쓰고 숨 한 번 제대로 못 쉬고 살았습니다. 가족이 죽거나 행방불명이 되고, 서로 흩어지고, 주거지는 파괴되고……. 이 험난한 시절, 게다가 여자라서 대접도 잘 받지 못하던 시절이니 얼마나 고통스러웠겠습니까? 개인적으로 제주에서 천도재를 지내면 꼭 4.3 사건 때 억울한 죽임을 당한 영가를 초청하여 축원합니다.

한 많은 제주의 말로 '할망'이 된 노보살님은 그래도 지혜가 있으신 분입니다. 남을 미워하면 그것이 죄가 됨을 배우지 않고도 압니다. 지혜는 세속적인 학벌과는 다릅니다. 이야기를 듣고 보니 작은며느리가 너무 착하기에 "보살님, 작은며느리 전화번호 아세요?" 하니 "지금 전화할 수 있지요." 하면서 휴대전화로 작은며느리에게 전화를 걸더니 바꿔 줍니다. 그 며느리에게 "내일이 법회 날이니 모시고 오면 법회 끝나고 모셔다 드리는 것은 제가 하겠습니다." 하니 흔쾌히 내일 모시고 온다고 합니다.

다음 날, 작은며느리가 할머니를 모시고 와서 인사를 했습니다. 시어머니가 며느리를 데리고 절에 오는 것은 보았어도 며느리가 시어머니를 모시고 절에 오는 것은 처음 보는 것이라 신통했습니다. 어떻게 어머니를 절에 가시라고 했느냐 하니 그 며느리가 "어머니가 너무 고생하셔서……." 하며 말끝을 흐렸습니다. 요즘 젊은 세대는 부모 세대를 잘 이해하지 못하는데, 요즘 사람 같지 않게 그 며느리도 지혜가 있어서 시어머니를 이해하고 부처님께 인도하는 것이라는 생각이 들었습니다.

장애

사람들 가운데는 몸에 장애가 있는 분도 있고 마음에 장애가 있는 분도 있습니다. 몸이 불편한 육체적 장애자보다도 마음이 불편한 정신적 장애자가 더 불행합니다. 정신적 장애자란 다시 말한다면 사고가 경직된 사람을 말합니다. 즉, 한 번 잘못된 고정된 관념은 세월과 환경의 변화에도 바뀌지 않는다는 말입니다.

우리 수행자들에게 흔히 나타나는 '무엇 무엇만이 깨달음을 얻을 수 있는 수행법이다.'는 편견 또한 정신적 장애입니다. 우리가 부처님 공부를 하는 것은 결국은 경직된 사고와 마음을 이완시켜서 마음의 벽을 허물고 참 지혜를 일구어 나가기 위함입니다. 인격의 완성이 곧 깨달음이며 정신적으로 건강해야만 깨달음에 이를 수 있습니다.

나이를 먹을수록 고집이 세지고 인식 변화가 잘 안 되는 것은 뇌가 건강하지 못해서 그렇다고 합니다. 몸은 스물다섯 살을 기점으로 늙지만 마음과 뇌는 본인의 노력에 따라 일흔 살까지 성숙된다고 합니다. 염불이든, 좌선이든, 간경이든, 수행은 뇌를 건강하게 합니다. 건강한 뇌는 마음과 사고를 유연하게 합니다. 수행과 마음의 유연성이 같이 가는 것입니다.

제 은사 스님이신 청화 큰스님께서 말년에 건강이 악화되어 검진을 했는데 좀 특이한 결과가 나왔습니다. 여든의 연세에도 발은 어린아이 발처럼 보드랍고 뇌는 이십 대 젊은이의 수준이어서 의사들도 감탄을 했다고 합니다.

다겁생의 잘못된 고정관념을 수행으로써 바로잡아야 합니다. 마음을 열어 부정적인 편견을 걷어 내고 절대긍정의 세계로 장엄하는 것입니다. 염불이든, 좌선이든, 간경이든, 수행법에 구애받지 않는 수행을 통해 편견과 장애를 걷어 내면 그만큼 자유롭고 행복해집니다.

편견과 장애를 걷어 내면 미운 사람에게도 고운 사람에게도 화낼 일 없이 삼천대천세계三千大千世界를 다 포옹하는 마음이 일어납니다. 본래 우리의 마음속 깊이 감춰진 불보살님의 마음과 같은 것이지요.

행복

어느 분 글에 자신이 운영하는 포교당에는 기도를 열심히 하는 분이 많아서 넓은 아파트로 이사 간 사람들도 많고 자녀들도 공부를 잘해 좋은 학교에 진학한 경우도 많다고 합니다.

넓은 집과 좋은 학교, 평범한 분들의 소망입니다. 하지만 한 생각 돌이켜 보면 넓은 아파트, 이름 있는 대학이 행복을 보장할까요? 기도와 수행의 목적을 물질적 이득에만 둔다면 부처님의 가르침과는 아주 멀어진 것입니다. 하지만 현실이 그렇지만은 않습니다. 부와 영험을 가져다 준다고 홍보해야만 절이나 포교당에 사람이 모이는 것이 현실입니다. 역으로 기도와 수행을 해도 아파트 평수를 줄여 이사 갈 일이 있고, 잘 나가던 자식도 실패하는 날이 있는 게 사바세계의 진리입니다.

무상無常! 늘 재물과 마음은 변하게 되어 있는 것입니다. 저도 어려운 시절을 겪었습니다. 하지만 오르막 끝에 내리막이 있고 내리막 끝에 오르막이 있다는 소신을 가지고 어려운 고비를 넘기곤

하였습니다. 쉽게 설명하자면 오르막에 즐거워하지 않고 내리막에 상처 받지 않으려고 부처님 공부하는 것입니다. 흔히 말하는 가피, 영험은 바른 신앙을 통하여 마음이 바뀌고 삼독심이 녹았을 적에 부수적으로 생기는 변화, 현상입니다.

흩어졌다, 일어났다, 소멸했다 하는 거품, 그림자에 속아 울고 웃는 중생의 마음에서 수행을 통해 망상을 걷어낸 실상實相을 보자는 겁니다.

어떤 분들은 대비주다라니를 소원 성취의 주문으로 알고 계십니다. 대비주는 자비심을 드러내는 주문입니다. 모든 의식에 대비주가 들어가고 대비주를 권하는 것은 모든 수행에 자비심이 바탕이 되어야 하기 때문입니다.

기도를 하든, 염불을 하든, 어떤 수행을 하든 큰 뜻을 세우십시오. 가장 수승한 큰 뜻은 일체중생에 대한 원입니다. 삼배를 하든 108번 염불을 하든 뜻이 바르고 순수해야 진실한 공덕이 되는 것이며 이런 마음으로 일보 전진 할 적에 진정한 만족감, 순수한 행복을 느낄 수 있는 것입니다.

비증보살과 지증보살

비록 지금은 막사는 비구승도 출가 당시에는 대도大道를 이루겠다고 삭발염의를 했을 것입니다. 대도를 이루겠다는 마음이 3박 4일 가느냐, 한 철로 끝나느냐, 삼 년을 가느냐, 십 년 가느냐, 오롯이 한 생을 가느냐에 따라 살림살이가 결정됩니다. 이제 돌아보면 수행자로서의 양심과 애정을 가지고 끝까지 초심으로 사시는 분들은 극소수 같습니다. 옛 어른 스님들께서 늘 하시는 말씀이 있습니다. '초발신심변정각初發信心便正覺', 즉 신심을 지녔던 처음 마음이 변함없으면 깨달음을 얻는다는 뜻입니다.

수월 스님께서 상원사에 계실 때의 이야기입니다. 어려운 시절이라 감자밥이나 강냉이밥도 변변치 않게 드시면서도 "이렇게 잘 먹어서 무슨 도道를 이루겠느냐!" 하며 조실 자리도 마다하고 만주로 올라가셨다고 합니다. 대도를 이루는 데는 오로지 빈 몸뚱이 하나만 있어야 하는데 현실은 그렇지만은 않습니다.

저도 한 때는 그렇게 살았습니다. 옷은 보시함에서 주워 입고 양말은 기워 신으면서 걸망 하나 메고 오로지 '나무아미타불'을 가슴에 품고 산을 넘어 다니며 정진하고 살았습니다. 세월이 흘러 이제는 저도 때가 묻었나 봅니다. 큰스님의 은혜를 갚는다는 핑계로 제주도 자성원에 내려오면서 비록 중고라지만 승용차도 구입했고 휴대전화도 장만했습니다. 그 후에는 경전을 번역한다고 컴퓨터를 구입했고, 큰스님의 법문을 정리한다고 인터넷 사이트까지 만들었습니다. 요즘은 카페, 블로그, 트위터, 페이스북까지 관리하느라 인터넷에 만만치 않게 시간을 빼앗기고 있습니다.

부끄럽게도 본연이라는 이름이 인터넷상에서 많이 알려졌고 알아보는 사람들도 많아졌습니다. 그 핑계로 밥값도 하고 복福도 많이 지었다고 생각하지만 정진精進 분상의 측면에서 본다면 시간을 너무 빼앗겼다고 생각합니다. 수행자의 가장 큰 적은 현실 안주 내지는 현실 타협입니다. 자신을 끊임없이 자책해 가면서 몸과 마음을 이끌고 나가며 업을 거슬러 올라가는, 맞바람을 맞으며 가는 지루하고 어려운 길이기에 대부분 옆길로 새는 것입니다.

문득 큰방에 정진하러 들어가면서 '이렇게 현실에 안주하며 살아서 무슨 삼매를 얻겠느냐'는 자책과, '자성원에 내려가지 않고 지금까지 오직 정진만 했다면 어땠을까' 하는 마음이 일어났습니다. 이제 원풀이는 다 했습니다. 『금강심론』을 번역하고 정리해서 한 권의 책으로 펴냈고, 큰스님의 자료도 누구나 볼 수 있도록 블로그에 정리해 두었습니다.

어떤 스님은 "전깃불 밑에서는 도인이 안 나온다."고 하기도 하고 "노트북 하나면 무문관에서 삼 년도 살 수 있다."고 말하기도 합니다. 분명한 것은 가진 것이 많고 수행 이외에 다른 일이 있다면 그것은 아니다 하는 생각입니다. 비증보살悲增菩薩, 남을 이롭게 하기를 본원으로 하고, 자비한 마음으로 오래오래 생사하는 세계에 있으면서 중생들에게 이롭고 즐겁게 하기 위하여 속히 성불하기를 원치 않는 보살은 지증보살智增菩薩, 지혜를 닦고 번뇌를 끊으며, 자기가 깨달으려 하는 자리自利의 선근은 많으나, 이타利他의 선근을 닦는 일이 적은 보살보다 부처가 되는 데 더 오랜 세월이 걸린다고 합니다.

비증보살 쪽에 속하느냐 지증보살 쪽에 속하느냐는 다 인연이겠지요.

고정 관념

예전에 한적한 시골 절에서 기도하며 지낸 적이 있습니다. 오랜 시간 기도를 하다 보면 목탁 무게도 만만치가 않습니다. 한번은 어깨가 좀 불편했는데 손이 닿질 않는 곳이라 누가 파스라도 붙여 주었으면 하는 때가 있었습니다. 당시 그 절에 사는 대중은 주지 스님과 공양주 보살뿐이었습니다. 주지 스님을 찾아가 웃통을 벗고 파스를 붙여 달라고 할 수도 없고 공양주 보살한테 파스를 붙여 달라고 할 수도 없고……, 참 난감했습니다. 생각 끝에 기도가 끝나고 법당에 앉아서 아픈 어깨를 관觀하면서 '어깨님, 고통을 여의고 편안하십시오.' 하고 자비관을 하였습니다. 또, 이가 흔들린다고 병원에 가면 기도 시간을 빼먹게 되니 '치아님, 고통을 여의고 편안하십시오.' 하고 자비관을 하면서 아픈 것을 잊어버리고……. 그 시절에는 업장이 녹느라고 그랬는지 몸이 돌아가며 아팠는데, 불편한 몸을 자비관으로 해결하며 살았습니다.

흔히 우리는 몸이 감기에 걸렸다고 생각합니다. 그러나 몸이 아니라 마음이 걸린 것입니다. '감기 걸렸다.'는 생각 자체를 컴퓨터

프로그램을 지우듯이 삭제해 버리면 몸은 정상이 됩니다. 감기에 걸린 몸도 정좌하고 '감기는 본래 없는 것'이라고 관觀하면서 '감기님, 내 몸을 떠나주세요.'라고 한 후 '에취!', 재치기 한 번 하면 끝이 납니다.

초심 시절 잠을 두 시간까지 줄여 보았습니다. 잠을 두 시간으로 줄이니 걱정이 생겼습니다. '두 시간밖에 안 잤는데 괜찮을까?' 하는 망상입니다. 이 망상을 뽑아내야 24시간 잠 없이 살 수 있습니다. 그러나 다겁생의 깊은 의식 속에 잠재되어 있는 '인간은 잠을 자야 한다.'는 고정 관념을 뽑아내기가 쉽지 않습니다. 마지막에 가서는 알면서도 못 하게 되며 '거기까지가 나의 한계'라고 느끼게 됩니다.

어느 분이 "저는 중학교 때 무릎을 다쳐서 불편합니다." 하고 말했습니다. 중학교 때 다친 무릎의 세포는 이미 다 소멸하고 새로운 세포가 생겼지만 '다쳤다.'는 고정 관념이 여전히 그분의 의식 깊숙이 박혀 있음을 뜻합니다. 때문에 그 불편이 현재 진행형으로 되어 있는 것입니다. '다쳐서 불편하다.'는 생각을 의식 속에서 뽑아내면 정상적으로 무릎을 움직일 수 있지만 그러지 못했기 때문에 오랜 세월을 불편하게 보내는 것입니다.

『청정도론』에서 읽은 글입니다. 한 스님이 초막에서 공부하고 계셨는데 마을 사람들은 그냥 수행하는 평범한 스님으로 알았습니다. 그런데 어느 날, 초막에 불이 나자 마을 사람들은 스님이 불에 타 죽었을 거라고 걱정했습니다. 그런데 그 스님은 불구덩이 속에서도 타지 않고 그대로 앉아 계셨습니다. 그제야 마을 사람들은 스님을 아라한과阿羅漢果를 증득하신 성자로 알고 추앙했다고 합니다.

옛 어른 스님 한 분은 가뭄이 심해 마을 사람들이 기우제祈雨祭를 부탁하자 이를 수락하시고는 기우제를 올렸다고 합니다. 그러자 비가 억수같이 쏟아졌습니다. 마을 사람들은 추녀 아래로 들어갔지만 스님은 빗속에서 계속해서 '나무아미타불'을 염불했는데, 그 속에서도 스님의 장삼이 보송보송했다고 합니다.

이 스님들은 다 마음을 증명하신 분들입니다. 우리가 '오직 마음뿐이다.'는 유식唯識을 증명하지 못하는 것은 다겁생의 오염된 마음 때문입니다. 염불이든, 좌선이든, 진언이든, 수행을 통해 다겁생의 망상이 소멸되면 삼매에 드는 것이고, 유식을 증명할 수도 있습니다.

염불 방법

　예전에 땅끝마을 미황사에서 매일 사분정근四分精勤기도를 하며 지낸 시절이 있었습니다. 어느 날인가는 사시기도를 끝내고 법당을 나오는데 허름한 차림의 거사님 한 분과 보살님 한 분이 법당에 참배를 하러 들어가는 걸 보았습니다. 그때까지는 그냥 참배하러 오신 분이거니 하며 제 일정대로 점심 공양을 마치고 항상 그렇듯이 부도전이 있는 곳까지 포행을 나갔습니다. 그런데 아까 얼핏 보았던 거사님과 보살님이 부도전에서 염불을 하는데 두 분의 염불 소리가 장관이었습니다. 마치 부도전을 꽉 채운 것 같았습니다.

　거사님은 서서 춤추듯이 온몸으로 '관~세~음~보~살~'을 염송하고 보살님은 바위에 앉아 허리를 곧추세우고 '관세음보살'을 빠르게 염송하고 있었습니다.

　이야기를 나누고 싶어 멀리서 염불 끝나기만 기다리는데 염불은 안 끝나고 두 시 기도에 들어가야 할 시간이 다 되어 갔습니다. 기도를 건너 뛸 수는 없어서 '다음에 만나겠지.' 하고 돌아섰는데 그 후로는 볼 수가 없었습니다. 지금도 그때 이야기를 나누지 못했던 것이 아쉽습니다.

어느 글에는 삼매를 얻은 사람의 자세가 부도전에서 염불했던 보살님처럼 가슴은 나오고 허리는 들어간 자세라고 합니다. 염불을 하든 좌선을 하든 허리를 곧추세우는 것이 '기본이 되는' 바른 자세입니다.

저는 요즘 염불을 할 때 가슴을 펴고 허리를 넣고 좌선 자세로 앉아 '나. 무. 아. 미. 타. 불.' 또박또박 고성으로 정성을 다해 소리내고, 또 염불 소리를 귀로 새겨듣습니다. 그런데 해가 갈수록 느낌이 다릅니다. 지금은 30분 ~ 1시간 정도 한 후에 쉬기를 반복합니다.

예전 어른 스님들은 '나무아미타불'을 소리 내어 염송하고, 서너 번은 염송한 '나무아미타불'을 반복해서 듣는 것을 추천하셨습니다. 이것도 몰입이 잘 됩니다. 또, 서서 염송할 때는 허리를 넣고 발을 일자로 벌린 후 염송하면 지치지 않고 오래 할 수가 있습니다.

부처님께서 허리를 곧추세우고 들숨과 날숨을 관하면 도는 못 이루더라도 많은 이익이 있다고 하셨습니다. 허리를 곧추세우는 것이 핵심입니다. 물론 사람의 기질과 체력에 따라 방법은 다를 수 있습니다.

금생을 사는 힘

어릴 때 만화를 무척 즐겨봤습니다. 그 중에 시간이 지나도 또렷이 기억나는 한 컷이 있습니다. 눈 덮인 산을 배경으로 고깔모자를 쓴 사람이 있는 장면입니다. 그런데 세월이 흘러 절집에 들어와서야 그 장면 속 고깔모자를 쓴 사람이 바로 티베트 스님이라는 걸 알았습니다. 티베트에서는 흔히 관세음보살님이 고깔모자를 쓴 모습을 하고 계십니다.

왜 그 장면을 오랫동안 기억하고 있었을까 하는 의문을 따라가다가 전생에 그곳과 인연이 있었다는 생각을 하게 됐습니다. 제가 기억하기로는 한국에 티베트불교가 소개되기 시작한 것은 1980년대 후반 『티벳, 나의 조국이여』라는 달라이 라마 자서전이 출간되면서부터입니다. 달라이 라마 자서전을 보고 왜 그리 눈물을 흘렸는지 모르겠습니다. 아무튼 그 후로 티베트에 관한 책은 거의 다 본 것 같습니다. 그리고 책의 내용을 스펀지에 물이 스며들 듯 아무런 의심 없이 마음으로 받아들였습니다.

지금까지의 삶을 바라볼 때마다 전생의 습관을 가지고 금생을 살고 있다는 생각이 듭니다. 절집에 들어와 편하게 정진하며 사는 것도 전생에서부터 익혀 온 습관인 것 같습니다. '하지 말라戒'고 해서 하지 않고 참는 것에는 한계가 있습니다. 마음에서 우러나와서 하지 않아야 하는데 그것이 쉬운 일 같으면서도 전생의 오랜 습관이 없으면 힘든 것입니다. 이런 안목으로 절집에 들어왔다가 마음과 몸이 널뛰는 사람들을 보면 연민의 마음이 일어납니다.

어릴 적 고향이었던 인천의 앞바다로 친구들과 낚시를 자주 다녔습니다. 그런데 누구나 손쉽게 잡는다는 망둥이도 유달리 제 낚싯바늘에는 걸리지 않았습니다. 잡은 망둥이를 주렁주렁 풀에 끼워 가는 아이들을 보면 그렇게 부러울 수가 없었습니다. 그런데 지금에서 돌아보면 업이 가벼워 업 지을 인연이 없었던 겁니다. 옛 어른 말씀에 "업이 가벼운 사람은 과보가 빨리 돌아오기 때문에 죄를 짓지 않지만, 업이 두터운 사람은 과보가 늦게 닥치기 때문에 더 많은 죄를 짓는다."고 합니다. 또, 경전에 보면 보살은 원인을 두려워하고 중생은 과보를 두려워한다고 합니다.

이런저런 글이나 말을 보고 듣지 못한 사람이 어디 있겠습니까? 다만 마음으로 사무쳐 느껴 보지 못했기에 이렁저렁 사는 것입니다.

검정 고무신

제주도 자성원에 주지 소임을 맡으러 들어가는데 자성원 신
도분들이 새로 부임하는 주지 스님에 대해서 꽤나 궁금했던
모양입니다. 그때까지만 해도 객지로만 떠돌아다니며 정진하
고 살아온 까닭에 문중 스님들도, 신도분들도 저를 잘 몰랐습
니다. 50만 원에 구입한 중고 승용차에 묘목을 가득 싣고 헐
렁한 승복에 검정 고무신을 신고 처음으로 자성원 마당에 들
어갔는데 그때까지 기대 반, 궁금함 반이던 신도분들은 약간
충격을 받았던 모양입니다. 나중에는 신도분들이 제주도에서
유일하게 검정 고무신 신는 주지 스님이라고 소문도 많이 냈
던 모양입니다. 사실 강원 4년을 빼고 줄곧 검정 고무신을 신
고 다녔던 건 궁상을 떨 요량이 아니라 편했기 때문입니다. 어
쩌다 한 번씩만 닦아 주어도 새 신처럼 말끔합니다. 어느 날엔
가는 차를 좀 손보려고 정비소에 갔는데 주인장이 검정 고무
신을 한참 보더니 "진짜 스님이 오셨군요." 하며 수리비를 깎
아 줘서 그 인연으로 단골이 되기도 했습니다.

그 옛날 검정 고무신과 흰 고무신이 가격 차이가 얼마나 났는지 모르지만 부모님이 꼭 검정 고무신을 사주셔서 싫다고 울면서 던지기도 했습니다. 하지만 그때 정이 들었는지 지금은 검정 고무신이 편합니다. 가난한 집 막둥이다 보니 항상 위로부터 물려받아 책, 필통, 가방, 옷 등이 항상 중고품이었습니다. 그 당시에는 그것이 항상 불만이었지만 돌이켜보면 그때 업이 많이 녹았다고 생각합니다.

그 시절 가난으로 업이 녹았기 때문인지 중노릇을 하면서도 무엇이든 새것보다는 헌것이 더 편합니다. 강원 시절에 도반 스님이 입던 헌 누비를 물려받아 아직까지도 입고 있는데, 올 겨울을 나면서 명이 다했다 생각하고 태우려다가 다시 꾸려 놓았습니다. 이제는 깁고 기운 누비를 대중처소에서는 상相 내는 것 같아서 못 입고 혼자서 정진할 때 입는데 참 편안합니다. 정든 이 누비를 걸치는 것만으로도 신심이 장한 초심 시절로 돌아가는 것 같아서 행복합니다.

언제인가 부모님 제사가 돌아올 즈음 기도하면서 이렇게 중노릇할 수 있는 은혜와 가난을 알려 준 부모님께 눈물을 흘리며 사무치게 감사한 적이 있습니다. 누구의 말대로 '어제의 가난은 가난이 아니'었습니다.

인연을 알면
시비를 내려놓을 수 있습니다

　행자를 시작한 첫날부터 나무아미타불 염불을 했지만 본격적으로 하게 된 것은 송광사 강원을 졸업하고 천일기도를 시작하면서부터입니다. 그 시절은 초심이라 신심도 장하여 천 일을 가행加行 정진 하는 마음으로 서너 시간만 자며 염불을 했습니다. 그 후로 만일염불萬日念佛을 입제한 마음으로 대중처소로, 선원으로, 토굴로 그렇게 전전하며 살았습니다.

　'나무아미타불'이 마음으로 사무치면서 부정적인 생각과 마음이 녹게 되고, 그렇게 녹은 만큼 눈앞에 펼쳐지는 세상이 다르게 보입니다. 결국 인과 연으로 연결된, 서로 주고받는 하나의 거대한 그물망의 세계를 바라보게 됩니다. 인과 연으로 이루어진 하나의 사바세계를 바라본다면 모든 시비是非를 내려놓을 수 있습니다. 이제 남은 것은 일체중생을 연민하는 마음으로 정성을 다해 '나무아미타불'을 염불하는 것입니다. 일체중생을 연민하는 마음으로 정성을 다하여 나무아미타불을 염불한다고 도道를 이루는 것은 아닙니다. 도는 증오證悟, 즉 증명證明이 되어야 이루었다고 할 수 있습니다. 일체중생을 연민하는 마음으로 정성을 다해 나무아미타불 염불을 지어 가다 보면 언젠가는 아미타불이 아미타불을 염念하는 자신을 볼 것입니다.

얼굴 가꾸기

예전에 경상도의 어느 절에서 기도하며 살 때가 있었습니다. 신도가 많은 절이라서 법회가 있는 날에는 사람들로 복닥거렸는데 그때마다 항상 극락전에 와서 천주를 돌리며 염불을 하는 보살님이 계셨습니다. 천주를 돌리며 염불을 하던 그 보살님은 제가 기도에 들어가는 두 시가 되면 당신의 기도를 마쳤는데 항상 천주를 법당 뒤에 놓고 나가셨습니다. 그 보살님의 얼굴은 몇백 명이 절에서 왔다 갔다 해도 한눈에 알아볼 수 있습니다. 염불하시는 분들의 얼굴은 뭔가 다릅니다.

마음을 나타내는 것이 얼굴입니다. 진심瞋心과 욕심과 한이 가득한 얼굴이라도 염불이든, 진언이든, 간경이든, 수행을 해서 진심과 욕심과 한이 녹으면 변하게 됩니다. '절에 몇 년 다녔다.' '법랍法臘이 몇 년이다.'가 중요한 것이 아니라 세월이 흘러간 만큼 마음을 가꾸어 탐貪·진瞋·치癡, 즉 삼독三毒이 떨어졌느냐 아니냐가 중요합니다.

태안사에 머물 때 보고 요 근래에 다시 만난 스님이 "스님, 태안사 시절에는 무서워서 말도 못 붙였었는데 지금은 얼굴이 웃는 상이 되었습니다." 하며 덕담을 합니다. 태안사 시절부터 지금까지 나무아미타불 염불과 함께하면서 부정적인 생각과 마음을 수없이 걷어 냈습니다. 그 덕분에 얼굴이 웃는 상으로 깎이고 다듬어진 것이라는 생각이 듭니다.

나이와 인격이 정비례하면 그 인생은 성공한 인생입니다. 깨달음이란 인격의 완성을 뜻합니다. 나이가 들어 백발이 성성해도 평온한 얼굴은 아름답습니다. 자성원 시절에 공양주를 하시던 노보살님이 지금도 제 토굴에 가끔 오시는데 만나는 신도마다 '노보살님 얼굴이 곱다.'고 찬탄합니다. 노보살님은 아파트에 혼자 사시면서도 하루 종일 사경도 하고 염불도 하며 지낸다고 합니다.

염불이든, 진언이든, 간경이든, 좌선이든 수행은 부정적 마음, 즉 집착이나 욕심 그리고 거만 등의 거친 마음을 걷어 내고 긍정적 마음을 일구어 줍니다. 긍정적 마음이란 선한 마음, 배려하는 마음, 자비한 마음을 말합니다.

세월이 갈수록 얼굴과 마음이 부처님을 닮아 간다면 거친 사바세계에서 헛되이 보낸 것은 아닙니다.

중노릇

조실 스님을 모시고 사는 도량에서의 일입니다. 연말 동지팥죽에 들어갈 새알을 만드는 울력을 큰방에서 사부대중이 모여서 함께한 적이 있었습니다. 그런데 새알을 만들던 A 보살님이 절에 오는 길에 곡차 한잔 걸치고 거리에서 휘청거리는 스님을 본 모양입니다. 아마 그 스님은 연말에 마음이 좀 불편했던 모양입니다. 그래서 그 보살님이 "오늘 절에 오면서 곡차를 하신 스님을 봤습니다." 하고 말을 꺼내니 B 보살님과 C 보살님 그리고 D 보살님도 한마디씩 거들며 구업口業을 짓기 시작했습니다. 그러자 가만히 한쪽에서 말없이 새알을 빚던 조실 스님이 갑자기 큰 소리로 "봤나!" 하며 호통을 치시는 겁니다. 보살님들은 조실 스님이 계신 것은 신경도 안 쓰고 이야기에 정신을 판 것을 부끄러워했습니다. 조용해진 큰방에 금세 찬바람이 불었습니다.

새알을 만드는 울력이 다 끝나고 조실 스님께서 소참 법문을 해 주셨습니다. "매일 목욕재계하고 새벽에 절에 올라와 기도하는 보살보다는 개천에 사는 스님이 성불할 가능성이 더 높다. 현재는 개천에 살지만 이미 다 버렸기에 한 마음 돌이키면 되지만 새벽 기도에 나오는 신심 있는 보살에게 다 버리고 출가하라고 하면은 다 머리를 가로흔든다." 그 후부터는 절에 와서 스님의 허물을 말하는 신도들이 없었습니다.

흔히 절에서는 '도인 되는 것보다 중노릇하기가 더 힘들다.'고 말하곤 합니다. 우리는 평범하게 생각하는 스님이지만 독신 생활을 하면서 서너 시에 일어나 저녁 아홉 시에 잠들 때까지 예불하고 공양하고 울력하며, 재물과 이름에 헐떡거리지 않고 검소하고 소박하게 정진하며 사는 삶은 선근이 아니면 쉬운 일이 아닙니다.

선근이 있는 분들은 출가한 후 첫걸음부터 반듯이 걷지만, 이런 분들은 사실 소수입니다. 대부분이 출가한 후 처음에는 지그재그로 걸으며 이리 깨지고 저리 깨집니다. 세월이 가야 제대로 가게 됩니다. 어느 큰스님은 젊은 스님들의 거친 행동을 "놔둬라. 중 옷 입고 버티면 결국에는 중이 된다." 며 개의치 않으셨다고 합니다. 마음을 깨치는 공부는 이론이나 교육으로 되는 것이 아닙니다. 우리 사회의 가장 큰 문제는 교육과 인격이 정비례하지 않는다는 것 아닙니까? 우리가 마음을 깨치기 위해서는 끊임없이 자아성찰自我省察을 해야 합니다. 그리고 자신을 살펴보려면 일은 오랜 세월 동안 시행착오를 겪으며 많이 깨져야 되는 것입니다.

구참 스님들로부터 "금생에는 인간되기 틀렸다."는 말을 듣던 도반 스님이 있었습니다. 그런데 지금은 강원도 어느 선방에서 밖으로 나오지도 않고 정진만 한다고 합니다. 예전에 참 대책 없이 살던 스님들이 지금 열심히 사는 것을 보면 구업을 지은 것이 미안하고 제 자신이 한없이 부끄럽습니다.

염불은 즐겁습니다

예전에 반연 있는 절에 기도하러 간 적이 있습니다. 가서 보니 극락전이 주불전인데 주지 스님은 지장보살이 원불이라 아미타불 옆에 지장보살님을 모셔 놓고 지장기도를 하면서 지내고 계셨습니다. 공양주인 노보살님도 주지 스님을 따라 늘 지장보살을 염하고 사셨는데 제가 늘 하던 대로 나무아미타불 기도를 하니까 꽤 궁금했던 모양입니다. 노보살님이 "스님, 왜 나무아미타불이라고 합니까?" 하고 몇 번을 물어봤지만 주지 스님도 계시고 해서 그때마다 어물쩍 넘어갔습니다. 그러다 기도 회향하고 다시 일 년 후에 그 절에 갔더니 저를 본 노보살님이 공양간에서 폴짝 뛰어나오면서 하는 첫마디가 "스님, 나 나무아미타불 합니다." 하는 자랑의 말이었습니다. 서로 기분 좋게 같이 웃었습니다. 그리고 주지 스님 방에 들어가 차 한잔 마시는데 주지 스님이 지나가는 말로 "요즘 공양주 노보살님이 신이 났어!"라고 하셨습니다.

나무아미타불 염불은 즐겁습니다. 원효 스님께서도 나무아미타불 염불을 하시면서 박을 두드리며 무가애無罣碍의 춤을 추었습니다. 지극히 즐거운 세계, 즉 극락세계이자 삼매의 세계입니다. 염불이 즐거워지면서 뭉쳐 있던 마음과 몸이 이완됩니다. 이웃을 용서하지 못하는 것과 자기중심적인 사고는 마음이 뭉쳐 있다는 것이고, 마음이 뭉쳐 있기에 몸이 불편한 것입니다.

금타 스님의 글에 "삼매에 들어갈 적에 몸이 자금마색紫金磨色,보라색으로 변한다."고 했습니다. 과학적으로도 사람이 가장 기쁠 때 얼굴이 보라색으로 변한다고 합니다. 염불이 즐거워지면서 마음과 몸이 이완됨은 물론 더 나아가 삼매에 들어가게 됩니다. 이렇게 삼매에 들어야 제8 아뢰야식阿賴耶識까지 정화할 수 있는 것입니다.

나무아미타불 염불이 아니더라도 간경이든 진언이든 좌선이든 공부가 나하고 맞으면 즐거운 것입니다. 즐거워야 건강하게 오래 정진할 수 있습니다. 부처님 공부는 가장 행복한 공부입니다.

반조返照

처음 태안사로 출가했을 때는 책에서 읽은 대로, 승가僧伽는 여법한 엘리트 집단이고 선원에서 정진하시는 분들은 삼매가 현현하고 한소식 하신 분인 줄만 알았습니다. 이런 허상은 오래가지 않았습니다. 행자 시절에 이미 다 알게 되었습니다. 그후 대중처소를 전전하며 군대 생활 하듯 마지못해 사는 스님들을 보며 진심嗔心이 일어났습니다.

그런데 이제 출가의 연륜이 쌓이다 보니 조금씩 이해도 되고 용서도 됩니다.

장한 신심과 깊은 인연이 아니면 한생을 버티기 힘든 곳이 절집입니다. 어렵고 먼 길을 가다 보면 나태해질 때도 있고 그러다 목이 말라 곡차 한 잔 할 수도 있습니다.

어느 때는 저보다 출가가 한참 늦은 하판 스님에게 험한 소리를 들었던 적도 있습니다. 선원 결제 반 철이 지나도 자율정진을 안 한다는 이유였습니다. 그때는 진심이 일었지만 지금 생각해 보면

11시간씩 정진을 한 스님이 얼마나 힘이 들었으면 나에게 그리했을까 하는 생각이 들어 미안한 마음입니다.

어른 스님들께서 "절집은 용과 뱀이 어울려 사는 곳이다."라는 말씀을 자주하셨습니다. "중이 중을 예뻐하기 시작하면 그때부터 공부는 시작되는 것이다."는 말씀도 자주 하셨는데, 다 당신들이 겪어온 과정이고 또 진리였습니다.

실낱같은 인연과 종잇장 같은 복으로 먹물 옷을 걸치고 용쓰고 버티다 살아남으면 일보 전진하는 것이고 아니면 퇴굴退屈하는 것입니다. 큰절 어른 스님께서 지그재그로 노는 스님들을 모아 놓고 '내가 너희들 재再 발심發心을 기다린다.'며 눈물을 흘렸다고 합니다. 후학 스님들이 거꾸로 놀아도 재 발심을 발원하며 기다리는 어른 스님의 자비심이 마음을 찡하게 합니다.

백천만겁난조우

어느 보살님이 아들이 대학수학능력시험을 잘 치르게 해 달라고 기도를 했습니다. 그러면서 원력을 세우길 "아들이 대학에만 들어가면 내가 공부한다."고 했습니다. 그런데 막상 아들이 원하는 대학에 들어가자 "대학을 졸업하면……."이라고 했고, 대학을 졸업하니 "아들이 장가가고 나면……."이라고 했습니다. 아들이 장가가고 나서는 그 내외가 손주를 봐 달라고 해서 그 보살님은 손주하고 노느라고 정신없이 산다고 합니다. 그냥 그렇게 한 생이 흘러가는 것입니다.

어디 재가불자뿐입니까? 출가사문도 잡기로, 또는 소임과 불사로 한 생의 세월을 그냥 보내는 것을 볼 수가 있습니다. 다음 생에 다시 온다는 보장은 없습니다.

옛글에 죽으면 급류에 빠져서 떠내려가는 것과 같다고 합니다. 업력수생業力受生에서는 다시 사람의 몸을 받는다는, 부처님 법을 만난다는 보장이 없는 것입니다.

백천만 겁이 지나도록 만나기 어려워라

百千萬劫難遭遇 백천만겁난조우

마음을 밝히는 공부는 깊은 인연이 아니면 참 하기 어려운 일입니다. 그러나 금생에는 꼭 해야 하는 일입니다. 죽음의 고통이 가장 심하다고 합니다. 죽음의 공포를 극복하는 길은 마음 닦는 길밖에 없습니다. 그리하여 사바세계의 연緣이 다할 때 모든 업장이 소멸되어 아미타 부처님을 친견하고 극락세계에 왕생하기를 발원하는 것입니다.

호법신장

　예전에 걸망 하나 메고 이 절로 저 절로 다니며 기도하고 산 시절이 있었습니다. 그러다 어느 절에 도착했습니다. 걸망을 메고 절 마당에 들어서니 공양주 보살님이 저를 반기시는데, 마치 주인이 외출하고 돌아오면 강아지가 반가워 길길이 뛰듯이 보살님 얼굴이 확 펴지면서 달려오시는 겁니다. 당시 그 절은 불사를 한다고 산만했고 북풍을 바로 받는 곳이라 황량한 느낌이 들었습니다. 기도를 하기에는 적당치 않다고 생각해 주지 스님과 인사도 하기 전에 다시 나오려고 했습니다. 그런데 처사님 한 분이 잠시 제가 머문 객방에 들어오시더니 "제발 여기서 살아 달라."고 사정을 하는 것입니다. 알고 보니 처사님은 아까 저를 반겨 주었던 공양주 보살님과 부부 사이로, 절에서 허드렛일을 돕고 있다고 했습니다. 일단 처사님이 하도 진지하게 사정하기에 다시 걸망을 풀었습니다. 며칠 살아 보니 절은 제법 큰데 인걸人傑은 간 곳이 없고 주지 스님 혼자서 복원 불사를 한다고 늘 바삐 다니시는 터라 정작 공양주 부부가 절을 지키고 있었습니다.

절에 온 지 사나흘 되었나, 잠을 자다 눈을 뜨니 밤 열두 시 반입니다. 평소에는 잠자리에 들기 전에 화장실에 다녀와서 보통 열시가 넘어서 잠자리에 드는데 그날따라 열두 시 반에 갑자기 화장실에 가고 싶었습니다. 요사채에서 화장실을 가기 위해서는 법당 앞을 지나쳐야 했습니다. 플래시를 들고 법당 앞으로 발길을 옮기는데 고라니 한 마리가 있는 겁니다. 그렇게 고라니를 보느라 한참을 서 있는데 법당에서 '딸가닥' 하는 소리가 났습니다. 쥐가 장난을 하나 하고 무심코 플래시를 법당 문에다 비추고 서 있는데 잠시 후, 후다닥하고 사람이 튀어나오는 겁니다. 아, 도둑이었습니다. 기지 바지에 점퍼를 걸치고 면장갑을 낀 문화재 절도범. "도둑이야!" 한 소리에 참 쏜살같이 없어졌습니다. '처자식이 있는 사람이 밤이슬 맞아 가면서 절에 들어와 도둑질이나 하니 참 불쌍한 인생이다.' 하는 생각이 들었습니다. 잠시 후, 주지 스님이 뛰어나오고 공양주 부부도 나오고 언제 연락을 받았는지 경찰도 와서 법당에 들어가 보니 다행히 부처님 옆에 있는 동자상만 바닥에 내려져 있는 상태였습니다.

한 번 난리를 치고 생각하니 한밤중에 법당 앞에서 부처님을 도둑질하려는 중생을 만난 것이 우연이라고 치부할 수는 없었습니다. '아, 신장님이 그 시간에 날 깨워 주셔서 만나게 한 것이다.' 하는 생각이 들었습니다.

그날 이후 주지 스님은 오는 사람마다 붙잡고 "불사한다고 호법
신장님이 기도 스님을 보냈다."고 찬탄하는 겁니다. 그런데 그 절
에 살면서 보니 호법신장은 내가 아니라 공양주 보살님이었습니
다. 제가 절에 오는 날 저를 척 알아본 것도, 처사님을 시켜 날 붙
잡으라고 한 것도 모두 보살님이었던 겁니다. 곰곰이 보면 공양
주 보살님은 하는 짓이 꼭 신장 짓인데, 법당에 들어오면 부처님
한테 공들이는 시간보다 신중단神衆壇에 공들이는 시간이 더 길고
『천수경』보다 『반야심경』을 주력 삼아 합니다. 신중님들이 좋아한
다 해서 신중단에서 『반야심경』을 독송해 준다는 것입니다. 또, 오
신채를 먹는 스님들을 노골적으로 학대해서 결국에는 쫓아내는
데 신중님들이 오신채를 싫어하셔서 그리한다고 합니다. 저는 공
부하는 스님이라고 깍듯이 받드는데 사뭇 진지합니다.

기도를 마치는 날에 주지 스님을 뵈었는데 제게 "불사는 나도
했지만 스님도 한 것"이라고 말하셨습니다. 주지 스님은 밖에 나
가서 일을 보는데 그렇게 마음이 편할 수 없으며, 절에 들어오면
제가 법당에서 기도를 하며 목탁 소리를 내니 그렇게 좋았다고 합
니다. 저 역시 마음이 흐뭇했습니다.

시간이 한참 지나 그 절에 한번 들렀더니 '객비'라며 주지 스님이 큰돈을 챙겨 주어 무척 미안하고 고마웠던 일도 있었습니다.

우리는 보이는 세계가 전부인 줄 알지만 사실 보이지 않는 세계는 더욱 무궁무진한 것입니다. 진실한 마음으로 기도나 수행을 하면 보이지 않는 세계에서 다 도와줍니다.

우연은 없습니다

안거를 나기 위해 선방에 갔는데 어찌하다 보니 까칠한 성격을 지닌 스님이 소임을 맡게 됐습니다. 까칠한 성격의 스님이 소임을 보면 대중 전체가 불편합니다. 불편한 사람과 사는 것도 공부라고 하지만 그렇게 되면 안거 한철이 참 길게 느껴집니다. 하지만 좋으나 싫으나 안거 한철은 버텨야 합니다.

선방에서 점심 공양 후에는 늘 포행을 합니다. 저는 고무신을 신고 하는 날도 있고 등산화를 신고 하는 날도 있는데 어느 날, 등산화를 신고 산을 오르다 미끄러져 무릎이 깨지고 말았습니다. 그런데 동시에 그 까칠한 스님께 가지고 있던 불편한 마음이 그 깨진 곳으로 모두 빠져나가는 것입니다. 그 후부터는 마음이 편안해져서 그 까칠한 스님이 진심瞋心을 내면 자연히 마음속으로 진심이 소멸하기를 축원해 주었습니다.

사람들은 감기에 걸려 며칠씩 불편한 생활을 하곤 합니다. 하지만 감기 걸리는 것도, 다치는 것도 대개가 마음의 뭉침이 풀어지면서 터지는 자연적인 현상일 뿐입니다. 오히려 마음의 뭉침이 더욱 심해지면 큰 병을 얻습니다. 흔히 말하는 스트레스입니다.

　세상일에 우연이라는 것은 없습니다. 숙명통이 열린 분들은 다원인을 알지만 우리는 그저 짐작할 뿐입니다. 큰 깨달음을 얻기 전까지는 마음의 상처를 받아가면서 수행하는 것입니다. 수행 도중에 또는 살아가면서 다치거나 병을 얻는 것도 원망보다는 내 업이 녹으면서 생기는 자연적 현상으로 바라보면 편합니다.

　모두가 인연에 의한 만남입니다. 용서하는 마음, 배려하는 마음, 바꾸어 생각하는 마음, 함께 고통을 느끼는 마음 등 이 모든 것이 마음의 뭉침을 풀어 주는 것이고 더 나아가 사회를 발전시키는 것입니다.

선근

　연배나 출가 시기가 비슷해도 스님들마다 사는 모습이 하늘과 땅 차이인 것은 제도나 승려 교육에만 문제가 있어서 그런 게 아니라 타고난 선근 때문입니다. 불사 가운데 가장 어려운 것이 사람 불사입니다. 조계종의 고민도 어떻게 하면 스님들의 자질을 향상시키는가 하는 것인데, 교육도 역시 차선책일 뿐입니다.

　타고난 선근은 전생의 무수한 수행의 그림자입니다. 제 은사 스님의 초등학교 시절 교장 선생님이었던 분이 당신 딸에게 이런 말씀을 했다고 합니다. '스님청화 스님은 초등학교 시절에도 인사를 하면 꼭 합장하고 인사를 해서, 속으로 생각하기를 이 아이가 근처에 절도 없는데 어떻게 합장하는 인사법을 알까?' 다른 것은 몰라도 선근이라는 것은 교육으로는 한계가 있는 것입니다.

　그 옛날 제주도에는 4·3 사건이라는 광풍狂風이 있었습니다. 이 사건으로 아예 제주도의 문화가 바뀔 정도였습니다. 당시에 30만 제주도민 가운데 양민 희생자가 3만이나 5만, 또는 7만이라고도 하는데 일시에 많은 사람들이, 특히 남자들이 많이 죽었다고 합니다. 어느 마을은 남자가 모두 학살당하기도 했다고 합니다. 그래서 그 시절에는 자연스럽게 한 남자가 부인 여럿을 두고 살아도 묵인했다고 합니다.

혼히 말하는 큰 부인의 큰아들이 있었습니다. 이 아들이 곰곰이 생각해 보니 자기가 없어져야 당신 어머니가 죄를 덜 짓겠다는 생각에 초등학교만 졸업하고 서울로 도망쳤다고 합니다. 어린 마음에도 자기 어머니가 보리밥에 고추장을 비빌 적에 자기에게만 참기름 한 방울 떨구어 주는 것이 가슴 아팠다고 합니다. 그리고 어머니가 자기만 편애하고 배다른 형제들을 홀대하는 걸 보며 어머니가 '죄를 짓는다.'고, '내가 이 집에서 없어져야 엄마가 죄를 덜 짓는다.'고 생각했답니다. 이것은 보통 선근이 아닙니다. 이런 마음을 말이나 교육으로 일깨울 수 있겠습니까? 이런 분의 삶이나 인격은 어떻겠습니까? 현재는 큰 건물의 소유주라 하는데, 배다른 형제들과 화목하게 지낸다고 합니다. 맏형의 살림살이가 범인凡人을 넘어서니 당연한 일이겠지요. 남다른 부富를 지니고 지위가 있는 사람은 그럴 만한 복과 선근이 있다는 것을 돌아보면 느낄 수 있는 것입니다.

마음 베풀기

억한 감정을 담고 있는 것보다는 용서하는 것이 편함을 일상생활에서 알 수 있습니다. 감성이 둔한 사람도 좌선을 한다든지 염불을 해 보면 평소에 느끼지 못했던, 잠재해 있던 억한 감정이 일어나는 것을 볼 수가 있을 것입니다. 심리학에서도 이런 마음의 앙금이 병의 원인이 된다고 하며 그 앙금을 소멸시켰을 때 완치된다고 합니다. 우리가 수행을 통하여 억한 감정 등의 거친 마음을 걷어 내고 내면으로 들어간다면 그 내면 속에는 순수한 의식, 관세음보살님과 같은 마음을 만날 수가 있는 것입니다. 마치 거울에 덮여 있는 먼지를 걷어 내면 맑은 거울이 빛을 발하듯이.

본래 중생의 마음은 보살의 마음과 동일한 것이나 흔히 말하는 업에 가려 있기 때문에 중생이라 할 뿐입니다. 다 알지만 다겁생의 습기로 불쑥불쑥 올라오는 이기심을 녹일 수 있는 방법은 마음 베푸는 연습을 하는 것입니다. 처음은 어색하더라도 늘 베푸는 마음을 일으켜야 합니다. 마음 베풀기는 샘물과 같습니다. 샘물을

퍼내면 퍼낼수록 맑은 '참샘'이 되듯 마음도 베풀면 베풀수록 순수
해지고 깊어지는 것입니다.

건강이 안 좋으신 분을 만나면 마음으로 건강을 비는 축원을 해
주고, 몸이 불편한 사람을 만나면 다음 생에는 건강한 몸을 받기
를 축원해 주고, 짐승을 만나도 다음 생에는 사람 몸을 받아 정진
하기를 축원하는 겁니다. 율장에도 나와 있는 내용입니다. 처음
에는 옹색한 마음이어서 어색하고 불편하지만 자꾸 버릇을 들이
면 마음이 열리면서 편하고 즐겁습니다. 이런 마음으로 도와주는
것은 바로 불보살님의 명호를 염송하는 일입니다. 불보살님의 명
호를 염송하면서 불보살님의 마음을 닮아 가는 것이 가장 빠른 길
입니다. 하루에 잠깐만이라도 일체중생을 위해서 발원한다면 그
순간만큼은 불보살이 됩니다.

관세음보살의 화신이라 칭송되는 구한말의 수월 스님이 이름을
감추고 어떤 절에 있었을 때의 이야기입니다. 수월 스님을 친견
만 해도 병이 낫는다는 소문을 들은 부잣집 마님이 사람을 풀어
수소문해서 강원도에 있는 절까지 수레에 공양물을 가득 싣고 찾
아가고 있었습니다. 그 부잣집 마나님이 산 밑에 다다라 잠시 쉬

는데 천수천안으로 멀리서 찾아오는 사람을 아시는 수월 스님이 산중에서 연민하는 마음을 보내 땀을 식히는 마나님 속을 후련하게 해 주었다고 합니다. 밭에서 일하던 수월 스님이 하던 일을 멈추고 주지 스님에게 일러 말하기를, 서울에서 공양물을 수레에 싣고 왔으니 마중 나가라 하시고는 당신은 뒷문으로 떠났다고 합니다. 주지 스님은 나중에서야 그분이 유명한 수월 스님인 줄 알고 도인을 몰라보았다고 한탄했다고 합니다.

마음에는 무한 공덕이 있습니다. 다만 어떻게 사용하느냐에 따라 중생에게 이익이 되거나 해가 되는 것입니다. 선한 마음을 일으키면 분명히 사바세계를 정화하는 것은 물론 나 자신도 정화하는 것이며, 억한 마음을 일으키면 반드시 사바세계를 오염시키고 자신의 업을 짓는 것입니다.

원력수생 願力受生

    사람이 죽어서 다시 몸을 받는 데는 두 가지가 있습니다. 하나는 업력수생業力受生, 업력으로 몸을 받음이고 또 하나는 원력수생願力受生, 원력으로 몸을 받음입니다. 업력수생이란 살아생전의 모든 업보業報가 제 8 아뢰야식, 즉 종자식種子識에 저장이 되었다가 다음 생에 업보를 지은 대로 몸을 받는 것을 말합니다. 옛글에는 업력수생을 급류에 떠내려가는 것 같다고 표현합니다. 업력수생이 급류를 따라 정신없이 떠내려가는 것이라면 원력수생은 급류에 떠내려가면서 정신을 차리고 빠져나오는 것을 말합니다.

    우리가 공부하는 것은 마음을 바꾸는 것이고, 마음을 바꾸는 것은 업을 바꾼다는 것인데 그것이 그리 쉬운 일이 아닙니다. 정신과 의사인 데이비드 호킨스David Roman Hawkins 박사도 한 생에 5퍼센트의 업만을 바꿀 수 있다고 말하고 있습니다. 어떤 분은 천일기도를 해도 담배는 못 끊겠다고 합니다. 마음을 바꾸기가 그리 힘든 것입니다. 지은 업대로 살다 간다는 걸 경험으로 통감합니다. 한때는 신심이 나서 아무나 붙잡고 염불 수행을 권했지만 결국은 본인이 하고 싶어야 하는 것입니다. 아무리 좋은 것도 권해서 하는 것은 '작심삼일'이 되기 쉽습니다. 수행은 한 생의 일이 아니라 다겁생의 일입니다.

옛글에 어떤 이가 5백 생 동안 물고기의 몸을 받은 후 사람의 몸을 받게 되었는데 어부의 몸을 받았다고 합니다. 물고기는 사람이라고는 어부밖에 몰랐기 때문에 어부의 몸을 받았고, 어부는 물고기밖에 모르기 때문에 물고기의 몸을 받는다고 합니다. 매일 물고기만 잡고 물고기만 보기 때문에 물고기에서 어부로, 어부에서 물고기로의 윤회의 고리를 끊기가 힘들다고 합니다. 우리가 애쓰고 한 생을 정진하고 살아도 업을 바꾸기가 힘들다고 하면 너무 원통한 일이 아닙니까? 그러나 법장 비구法藏比丘가 48원으로 다겁생을 수행하여서 아미타불이 되었듯이, 금생에 모자라고 부족하더라도 원력을 세우고 그것을 마음으로 키우면 다음 생에는 더 나은 몸을 받을 수가 있는 것이고 종국에는 성불하는 것입니다. 티베트 불교에서는 사바세계를 떠날 때의 마음이 중요하고 사바세계를 떠날 적의 수행으로 한 단계 도약할 수 있다고 합니다. 『아미타경』에서 임종 시 나무아미타불 열 번으로도 극락세계에 왕생한다는 것도 이러한 이유입니다.

저는 개인적으로 두 가지 원력을 가꾸어 나가고 있습니다. 하나는 '늘 일체중생의 고통을 다 거두어 주겠습니다.' 하는 서원입니다. 천수천안관세음보살이 되어서 일체중생의 고통을 다 거두어 주겠다는 서원은 다겁생을 닦아 갈 서원입니다. 아직도 진심과 탐심과 어리석은 마음으로 물들어 있지만 법장 비구와 같은 마음을 가꾸어 나가는 것입니다. 또 하나는 '세세생생에 가난한 집에 태어나 출가하여 비구의 몸으로 정진하겠다.'는 서원입니다. 전생에도 이런 서원이었기에 가난한 집에 태어나 독신을 고수하다 출가하였겠지요. 가난이 어린 시절에는 고통이었으나 결국은 삶의 무상無常을 깨우치게 한 보약이었다고 생각합니다.

사바세계를 황망히 떠난 스님의 방에 널어놓은 빨래와 먹다 남은 바나나를 바라보면서 마음이 짠합니다. 머리카락 하나 그냥 넘어가는 것 없다고 했는데, 다 인과가 있어서 방 정리도 못 하고 급히 떠났겠지요. 마음의 준비도 없이 급류에 떠내려가듯이.

진돌이 이야기

개를 무척 좋아하는 스님이 대중처소에서 강아지를 기르겠다고 데리고 왔습니다. 순종 진돗개인데 아주 복스럽게 생겼습니다. 그런데 '개가 그냥 싫다.'는 말부터 '율장에 수행처에서는 짐승을 기르지 못하게 되어 있다.'는 말까지 가타부타 말이 많았습니다. 결국 대중공사가 벌어졌고 개를 퇴방 조치한다는 결론이 내려졌습니다.

큰절에서 쫓겨난 진돌이는 결국 대중공사에 참여했던 산내 암자의 암주 스님과 함께 사는 처지가 되었습니다. 암주 스님이야 본인 좋아서 산중에서 혼자 도 닦는다고 하지만 진돌이는 본인 의지와는 상관없이 산중에서 스님하고 살게 된 것입니다. 진돌이는 심심히 뒹굴고 혼자서 사료나 먹으며 지내면서 세월을 보내다 성견成犬이 되었고, 행동반경도 넓어졌습니다. 스님이 외출한 틈에 혼자 먼 길을 걸어가서 건넛마을로 들어간 진돌이의 눈에 마을은 별천지 세상이었습니다.

마을은 오욕락五欲樂, 색色·성聲·향香·미味·촉觸에 집착하여 일으키는 다섯 가지

정욕이 있는 사바세계입니다. 이성異性과 고기와 술이 있는 세상입니다. 이십여 가구가 모여 사는 시골 마을에서도 순종 진돗개인 진돌이의 출현은 신기한 것이었습니다. 진돌이는 바로 스타덤에 올랐습니다. 주인장 스님이 외출하면 진돌이는 종종 마을로 내려와 놀았는데, 처음에는 놀다가도 마을을 통과해서 올라가는 스님의 차 소리가 나면 뛰어나와 주인장 스님하고 같이 암자로 올라왔습니다. 그러던 진돌이가 점점 세속에 재미를 붙였습니다. 마을에는 고기와 술도 푸짐하고 더욱이 처갓집에서 순종 진돗개라고 극진히 모시니 암자에서 사료 먹으며 혼자 살고 싶은 마음은 점점 멀어져 갔습니다.

세속놀이에 몰두하던 진돌이는 처음과 달리 마을에 차를 세워 놓고 자신을 찾아다니던 주인장 스님 손에 마지못해 끌려오더니 그다음에는 아예 주인장 스님만 보면 도망쳤습니다. "참, 주인 보고 도망가는 개는 처음 보았네." 하는 스님의 말에 서운함이 역력했습니다. 스님들은 집착이 별로 없으니 "그냥 속퇴해서 살아라." 하고는 진돌이를 포기했습니다.

절 마당에 돌아다니는 다람쥐라도 인연이 있어야 절에 사는 것입니다.

연민심 憐憫心

예전에 식물에 관한 책을 읽은 적이 있습니다. 식물도 감정을 가지고 있어서 자기를 좋아하는 사람과 싫어하는 사람을 알아본 다는 내용이었습니다.

미국의 밀농사는 규모가 엄청납니다. 그래서 밀밭을 관리하는 회사가 비행기로 작물의 상태를 촬영해 확인하고 병이 있으면 주인에게 통보합니다. 그러면 소유주는 농약 회사에 통보해서 비행기로 농약을 뿌리게 한다고 합니다. 그런데 병이 난 밀밭을 촬영해 A라는 사람에게 인화 작업을 맡기면 병든 밀밭이 완치가 된다는 소문이 돌았습니다. 그 소문은 점점 커졌고 A가 회사를 차리려고 하자 농약 회사에서는 난리가 났습니다. A가 회사를 차리면 농약 회사가 망하는 것은 불 보듯 뻔했습니다.

A의 행동이 사기극이다, 아니다를 놓고 논쟁이 심했습니다. 그래서 실험 삼아 러시아의 병든 밀밭을 촬영하여 A라는 사람에게 인화 작업을 시켰더니 그 밀밭의 병도 완치됐다고 합니다. 결국 정밀 조사를 실시했고 그 결과 농사꾼 출신인 A는 병든 밀밭 사진

을 보면서 늘 "아이고, 어쩌나!" 하며 연민하는 마음을 일으켰고 이것이 병든 밀밭을 완치시켰다는 것입니다. 좀 특별한 경우이지만 이 연민하는 마음이 러시아에 있는 병든 밀밭까지 완치시킨 것입니다. 농사나 짐승을 길러 본 사람도 주인의 연민하는 마음에 따라 작물이나 짐승이 반응한다는 것을 알 수 있습니다.

멀리 있든 가까이 있든, 눈에 보이든 보이지 않든 고통 받는 중생을 위해서 하는 기도나 염불, 진언, 자비관 모두 중생의 업을 녹여 주고 중생에게 이익을 줍니다. 율장에서도 짐승들을 보면 "발보리심發菩提心 해라." 하면서 축원해 줄 것을 당부합니다. 수행의 목표는 탐·진·치를 소멸하는 데 있습니다. 탐·진·치가 소멸되면서 순수한 마음과 자비심과 연민하는 마음이 일어납니다. "일체중생 모두가 고통을 여의고 행복하십시오." 하는 마음이 일체중생의 간탐심을 소멸시키고 우리를 행복하게 합니다.

정업 淨業 수행

　양복을 입고 아침에 출근하던 길에 한 생각 일으켜 그길로 행자실에 입방한 한 스님의 이야기가 몇 년 동안 스님들 사이에 회자된 적이 있습니다. 이렇게 짧은 시간 한 생각 돌이켜 출가한 분도 있고 오랜 고민 끝에 출가를 결정한 분도 있습니다. 저는 후자에 속합니다. 독신이라 특별히 '가족 문제'는 없었지만, 출가하기에 늦은 나이라 망설임이 많았습니다. 그런데 출가를 결행한 그해 주변에 죽는 사람들이 많았습니다. 이웃에 있던 좋은 친구는 아침 출근길에 인사를 나눴는데 그 후 바로 저혈압으로 쓰러져 세상을 떠났고, 어느 이른 아침에는 눈앞에서 벌어진 교통사고로 젊은 사람이 죽는 것도 보았습니다. 이 사바세계의 허망함과 무상함. 그런 일들이 출가를 재촉한 것 같습니다.

　절집에서도 역시 생로병사의 고통은 존재합니다. 정진, 포교를 열성적으로 하시던 분이 말년에 병고로 고통 받는 일도 있습니다. 어느 분은 살아생전에 불사를 많이 해 놓고 떠나셨는데도, 그분의 상좌들이 주지 자리를 두고 싸우는 바람에 몇 년째 재판이 진행 중인 경우도 있습니다.

　중생의 무지無知와 탐심貪心! 그 뿌리는 깊고도 깊습니다. 이 사바세계에서 탐·진·치 삼독을 정화하는 진실한 정업淨業 수행이 아니면 다 부질없는 소꿉장난입니다. 지혜가 있는 사람은 남을 보며 나를 봅니다. 스승에는 두 가지가 있습니다. 하나는 이렇게 살아야 한다고 몸으로 보여 주시는 스승이며, 다른 하나는 이렇게 살면 안 된다고 몸으로 보여 주는 스승입니다. 후자의 스승이 더욱 처절합니다. 자신의 비참함을 몸으로 보여 주기 때문입니다.

업장業障

업장이란 악업에 의한 장애障碍를 말하는 것인데, 다시 말하면 전생이나 금생에 지은 악업에 의한 과보입니다. 그러나 출가사문이라도 누구든지 크든 작든 악업은 있습니다. 도를 크게 이룬 분들도 한때 정진하면서 곤욕을 치르기도 합니다.

아는 스님께서 "스님, 토굴에서 사는 것도 복이 있어야 합니다."고 하셨습니다. 그 스님이 토굴에서 정진할 때마다 무슨 이유든 생겨서 떠나는 것을 몇 번 보았는데, 지금은 업장이 다 녹았는지 한곳에서 오래 정진하고 계십니다.

저도 어느 곳에서 정진하고 지내다가 무엇인가 하나 불편한 점이 생겨서 걸망을 메고 자리를 옮기면, 하나는 해결되지만 또 한 가지가 생기곤 했습니다. 흔한 말로 '도량이 좋으면 주지 스님이 고약하고 주지 스님이 원만하시면 공양주가 사납다.'는 식이지요.

여담으로 주지 스님보다 공양주 보살님이 사나우면 더 살기 힘듭니다.

한때 제가 수행하던 제주도 고내리 토굴은 공동묘지 주변이라

시비 거는 사람이 없어서 조용했지만 저도 업장이 남은 사람이라 그랬는지, 어느 날 갑자기 땅 임자가 굴착기를 동원해 돌멩이를 굴려 올라오는 길을 막았습니다. 걸어 올라오는 것은 운동 삼아 좋다고 하지만 기름차가 못 올라와서 통으로 보일러 기름을 사다가 날라야 했습니다. 토굴로 올라오는 길이 공식적인 길은 아니고 두 집 땅을 거쳐서 올라오는 소위 맹지盲地인데, 자기 땅 자기가 막는다는 데 할 말은 없고 그냥 두었더니 어느 날 굴착기를 동원해 다시 돌멩이를 치웠습니다.

또, 가을부터는 물이 안 올라왔습니다. 상수도는 아니고 농업용수가 올라와 그 물을 사용했는데 용량이 달렸는가 봅니다. 다른 곳에서 물 호스 네 개를 깔아 얻어다 먹는데, 다행히 물을 주는 주인장이 저에게는 호의적이었습니다. 그나마 물도 못 얻어먹으면 떠나야 했는데 다행히 얻어먹는 물이 있으니 버티고 살았습니다.

보이는 현상으로만 본다면야 시비是非가 있겠지마는, 보이는 현상계는 말 그대로 안개이고 이슬이며 언제인가는 사라지는 물거품입니다. 보이는 현상계 이면에는 아직 내 업장이 남아 있습니다.

구한말에 안주상에 제비 똥 떨어지는 것까지 맞추는 역술가가 있었다고 합니다. 다시 말하면 안주상에 제비 똥 떨어지는 것까지도 우연은 없다는 것입니다. 살아가면서 막히고 다치고 곤욕을 치른 일 모두 결국 다 업장에 의해서 일어나는 현상입니다. 선업善業과 탐·진·치를 녹이는 수행으로 업장이 녹으면 그만큼 새로운 세상이 펼쳐지고 또 새로운 인연을 만나는 것입니다. 비 오고, 눈 오고, 바람 불고, 날씨가 맑은 것에 마음을 빼앗길 일이 없습니다. 비 오면 비 맞고, 눈 오면 눈 맞고, 바람 불면 바람 부는 대로 묵묵히 마음공부 지어 가면 업業이 다하는 날에 화창한 봄날이 옵니다.

복福

절집에도 복이 많은 스님들이 있습니다. 물론 복 중에서 공부복이 가장 좋은 무루복無漏福이지만은 세속적인 복이 많으신 분도 계십니다. 큰절 소임도 보고 불사도 잘하시고 이름도 많이 알려진 분들이지요.

이런 분들하고 같이 살아 보면 공통점이 있습니다. 그중 하나가 남을 비판하지 않는다는 것입니다. 그리고 못난 사람을 잘 거두어 주는 것입니다. A 스님은 앞서 불사를 다 해 놓은 절에 들어가 살면서 원만히 운영하고 있습니다. 그분하고 몇 달 살아 보았지만 남을 비판하는 소리를 못 들었습니다. 또, 성질 못된 스님도 잘 받아 주는데, 그래도 좋은 점이 보여서 내치지 않는다는 것입니다. 저는 성격이 급하고 직선적이어서 그런 스님을 볼 때마다 '나도 본받아야지.' 하지만 업장이 두터워서 남을 비판하고 또 후회도 합니다.

남을 비판하지 않는 것이 복 짓는 일임은 틀림이 없습니다. 속된 표현으로 남을 씹는 일은 일종의 저주 진언입니다. 한 번의 저주 진언이 수만 번의 나무아미타불 염불 공덕을 깨트리는 것입니다. 염불 수행도 중요하지만 저주 진언을 하지 않는 것도 참 중요한 것입니다.

공부인은 이웃들에게 비난 받을 일을 하지 말아야 합니다. 저주 진언은 하는 사람에게나 받는 사람에게나 다 불행한 것입니다. 어느 노스님께서는 늘 '다른 사람들이 구업口業 짓게 하지 말라.'고 하셨습니다.

복福과 인연因緣

　A 스님은 십여 년 전에 대작 불사를 한다고 강원도에 가셨습니다. 언제인가 가 보니 불사 진척은 없고 추운 곳에서 고생만 하시는데, 복과 인연이 그렇게 안 되는 모양입니다. 한편으로는 연세도 드셨으니 조그마한 토굴이나 암자를 짓고 공부나 했으면 좋으련만 그것도 참 그렇게 안 되는 모양입니다.

　사바세계에서 이름을 얻으려면 복이 우선입니다. 인연과 지혜는 나중입니다. 전생에 지은 복이 없으면 금생에라도 지어야 하는데 대부분의 사람들은 지어 놓은 복은 생각하지 않고 일이 안 된다고 원망하기 일쑤입니다.

　예전 스님들은 공부가 안 되면 '복이 부족하다.' 해서 복 짓는다고 공양주도 자청했고 큰방에서 진지_{발우공양 때 일어나서 밥과 국을 돌리는} 일도 자청했다고 합니다. 어디 예전 스님뿐이겠습니까? 하회마을을 처음 세우신 분은 안동 풍산에서 주막을 짓고 오가는 사람들에게 밥과 짚신을 칠 년간이나 보시했다고 합니다. 그러고는 강을 건너와 나무를 베고 집을 짓고 살면서 마을을 이루었다고 합니다.

졸부는 금방 망하지만 선대부터 복을 지어온 부자는 쉽게 망하지 않습니다. 옛 어른 스님들의 말씀으로는 기도가 가장 복을 많이 짓는다고 합니다. 그래서 출가자에게는 기도가 기본이었는데 요즘은 안이나 밖이나 복 짓는 일 없이 열매만 기다리는 것이 현실입니다.

일체중생을 대신하는 기도, 그 속에는 다 들어 있습니다.

옛날에 산중에서 공부하던 어느 스님이
그 공부를 다 했다고 생각하고는
중생제도를 하기 위해 산에서 내려왔지만,
도중에 들짐승들이 자신을 피하는 것을 보고는
아직 멀었다 여기고 다시 산으로 올라갔다고 합니다.
조금이라도 해칠 마음이 깊은 의식 속에 남아 있다면
들짐승들이 피한다고 합니다.

나 자신을 돌이켜봤을 때,
얼마나 공부했는가가 중요한 것이 아니라
얼마나 자비심이 증장했는가가 중요합니다.

수행은
자비심
입니다

수행법의 간택揀擇

　청화 큰스님 법문에도 "수행법을 간택하기가 가장 힘들다."라는 구절이 있습니다. 염불도 있고, 진언도 있고, 참선도 있지만, 어떤 수행법을 가지고 공부해야 깨달을 수가 있는지가 문제입니다. 또 어떤 스승에게 의지하여야 하는지도 문제입니다.

　경전에 이런 글이 있습니다. "어떤 사람이 스승이 될 수 있는가?" 스승이 될 수 있는 사람은 공부하겠다고 찾아온 학인擧人에게 그 사람의 전생을 보고 전생에 공부한 것을 연결시켜 줄 수 있는 숙명통이 열린 사람입니다. 이런 스승에게 배우는 학인은 전생에 공부한 것을 금생에도 이어서 하기 때문에 헤매지 않고 빨리 성취할 수 있다고 합니다.

　그다음으로 양심적인 스승은 숙명통은 없지만 찾아온 학인을 잘 관찰하고 기질에 맞는 수행법을 간택해 주는 사람입니다. 오정심관五停心觀이라 해서 탐욕이 많은 사람은 부정관不淨觀을, 진심嗔心이 많은 사람은 자비관慈悲觀을, 어리석은 사람은 인연관因緣觀을, 산란한 사람은 수식관數息觀을, 또는 번뇌가 많은 사람은 염불관念

佛觀을 수행법으로 선택하면 됩니다. 이렇듯 사람의 기질이 각각이고 기질에 따라 수행법이 다른 것이지 어떤 수행법만이 정답이라고 오기를 부리는 것은 편견입니다. 편견은 정신적 장애이며 이것을 가지고는 마지막 깨달음까지 갈 수가 없습니다.

만약 양심적 스승도 없을 때는 경전에 근거해서 공부하라고 합니다. 자신의 공부와 경전을 비춰 봐서 오류가 없으면 바른길로 가고 있다고 할 수 있습니다. 나의 수행에 나침반이 되는 소의경전所依經典을 하나 선택해서 주主 수행법과 같이한다면 수행의 균형을 잡을 수 있습니다. 존경하는 스승이 계시다면 열반과 상관없이 그 스승의 공부법을 따르는 것도 좋은 방법입니다. 그다음에는 내가 싫증을 내지 않고 오래 할 수 있는, 좋아하는 한 가지 공부법을 선택하여 그것이 염불이든 진언이든 간경이든 간에 일생을 바친다는 생각으로 정진하시면 됩니다. 저는 나무아미타불에 한 생을 바쳐서 공부해도 시간이 짧을 거라고 생각합니다.

안목

목재소에서 원목을 선별하는 일을 하시는 분이 있었습니다. 보통 기술자들은 원목을 기계에 올려놓은 후 잘라 보고 어떤 용도에 쓸 것인가를 결정하는 데, 이 분은 안목이 열려 기계에 올리기 전에 원목 속을 알고 용도를 결정했습니다. 이분은 다른 기술자보다 봉급을 몇 배 더 받았는데, 회사 입장에서는 시간과 노력을 그만큼 단축할 수 있으니 수지타산이 맞았습니다.

같은 회사에 다니는 그분 아들도 늘 아버지를 보채며 방법을 전수해달라고 졸랐는데, 그때마다 이분은 아들에게 '스스로 터득하라.'고 했답니다.

제가 염불을 한다 하니 더러 찾아와서 묻는 분들이 있습니다. 저 역시 숙명통이 열린 사람도 아니고 더욱이 도道를 이룬 사람도 아닙니다. 그런데 어찌 찾아오신 분의 안목을 열어 주겠습니까? 그래서 묻는 분들에게 이렇게 얘기합니다. "이 길은 무소의 외뿔처럼 혼자서 가는 길입니다. 스스로 판단하고 결정하십시오." 비유

하자면 암벽을 타는 등산가가 스스로 생각하고 판단하여 핀을 박고 한 발자국 한 발자국 올라갈 수 있는 것과 같습니다.

저도 들은 얘기나 읽은 얘기를 해 드릴 수 있지만 '참고사항'일 뿐입니다. 저도 제 스스로 이론과 행법을 결정한 것이고 여러분도 그렇게 하셔야 합니다. 스스로 두드려보고, 만져 보고, 실행해 보고, 앞서 가신 분들을 바라보고, 사유하고 해야 합니다. 사람에게 속거나 의지하지 말고 부처님만 바라보며 자신만의 살림살이를 만들어 한 발자국 한 발자국 업을 녹이고 앞으로 나가야 합니다. '남이 장에 가니 따라간다.' 식의 부처님 공부는 아무런 비전이 없습니다.

한마디로 '이 길은 누가 대신하여 주는 것은 없습니다.' 이것만은 진실입니다. 그리고 염불 많이 하는 것밖에 비결이 없습니다.

'환골탈태換骨奪胎할 때까지' 하시면 스스로 다 알게 되겠지요.

계 戒

부처님의 가르침 속에는 재가신도가 삼가야 할 것과 출가자가 삼가야 할 도덕적인 계戒가 있습니다. 소소한 것도 있지만 그 근본적인 뜻은 "일체중생을 해치지 말라."입니다.

몸으로나 입으로나 생각意으로 일체중생을 해치지 않고 자비심을 일으키는 것이 계의 근본이자 수행의 근본입니다. 왜냐하면 이웃 중생을 해친 만큼 인과에 따른 고통도 따르기 때문입니다. 깨닫고자 하는 이유는 일체중생을 고통에서 해방시키고자 하는 것입니다.

절집에서 뜨거운 물도 함부로 못 버리게 하는 것은 미물에 대한 배려심 때문입니다. 절집이 아니더라도 옛날에는 다들 그렇게 산 것 같습니다. 이웃을 배려하고 자연을 존중해 주고……. 그러나 현대에 들어서는 이익만 추구하다 보니 이웃에 대한 배려도 없고, 편리성만 추구하다 보니 자연이 훼손되어 가고 있습니다.

현대사회의 화두는 자연과 인간의 공존입니다. 사회적으로 이슈가 된 제주도 해군기지 문제도 여기에 원칙을 두고 해결한다면 좋은 결과가 나올 것입니다. 또한 개인도 "일체중생을 해치지 말라."는 계를 항상 염두에 두고 생활한다면 행복과 건강 그리고 깨달음이 함께할 것입니다.

단식斷食

살아가면서 몸이 무거울 때, 식탐을 줄여 보고자 할 때, 마음이 널뛸 적에 가끔 단식을 하는 것도 좋습니다. 단식을 하면 몇 가지 이익이 있습니다. 먹는 재미가 보통이 아닌데 그것을 끊는다는 것은 많은 인내를 필요로 합니다. 단식으로 나의 인내력을 한번 시험해 볼 수 있습니다.

단식이 끝나면 자신감도 붙고 몸무게가 적당히 정리가 되어서 몸도 가벼워집니다. 중요한 것은 마음의 고요함입니다. 단식 후 3일 정도가 지나면 마음이 고요해집니다. 자연히 소식小食의 즐거움을 알게 됩니다. 좌선이나 염불, 절 등 정진을 해 보면 과식이 얼마나 우리 몸을 불편하게 하는지 알 수 있습니다.

인도의 자이나교도는 죽을 때 단식을 해서 생명을 마감한다고 합니다. 이상적인 죽음이라 생각합니다. 수행이 미진했더라도 마지막 가는 길에 단식을 하게 되면 탐·진·치, 즉 삼독심이 소멸되어서 다음 생에 연결됩니다. 중요한 것은 단식이 끝났을 때도 단식할 때의 마음을 가지고 나쁜 습관술, 담배, 과식, 인스턴트식품을 찾는 것을 버리는 것입니다. 단식에 실패하는 이유는 단식이 끝난 후에 음식에 대한 욕망이 정리가 안 되기 때문입니다.

단식의 방법은 인터넷을 참고하면 됩니다. 저는 처음에는 일주일 정도로 기간을 정하고 완전한 단식보다는 효소 단식을 합니다. 효소 단식은 몸에 무리가 없고 적당한 효과도 볼 수 있습니다. 단식을 옹호하는 사람들이 많은 장점을 말하지만, 단식을 하면서 나 자신을 한 번 더 들여다볼 수 있었다는 것이 가장 큰 장점이라고 생각합니다.

들숨과 날숨

 하루 일과를 시작하는 아침이나 하루 일과를 정리하는 저녁에 다리를 포개고 허리를 곧추세우고 마음을 정리하여 천천히 숨을 내쉬고 천천히 들이쉽니다.

 "제자들이여, 들숨과 날숨을 생각하는 것을 잘 익혀야 한다. 그러면 몸이 피로하지 않게 되고, 눈이 아프지도 않으며, 관하여 즐거움에 머물 수가 있고, 애착에 물들지 않게 되리라. 이와 같이 들숨과 날숨을 닦으면 좋은 결실과 큰 복덕의 이익을 얻을 것이며, 이렇게 하여 선정에 들면 드디어 자비심을 얻을 것이며, 미혹을 떠나 깨달음에 들어 갈 것이다."

『잡아함경雜阿含經』29권 중

 좌선에 대해 허다한 말이 있지만 들숨과 날숨을 관찰하는 수행은 많은 이익이 있다고 부처님께서도 권하는 말씀을 하십니다. 다리를 포개고 허리를 곧추세우는 자세가 가장 오래 앉아 있을 수 있는 자세이자 지혜를 일으키는 완벽한 자세라고 합니다. 과학적으로도 허리를 세우는 자세가 위산을 가장 안정적으로 분비할 수 있다고 합니다. 또한 호흡을 관찰하는 것이 마음을 모으기가 가장 쉽다고 합니다. 마음을 모으고止 마음을 살피는觀 것이 선禪입니다. 마음을 모으고 살펴서 잘못된 생각과 잘못된 마음을 바꾸는 것입니다. 마음을 모으고 살펴서 내면으로 들어갈 때에 자비심이 우러나고, 용서하는 마음과 배려하는 마음이 일어나 행복해지고, 나의 행복한 삶이 이웃을 행복으로 이끌 수 있습니다.

좌선 坐禪

부처님께서는 좌선에 대해서 아주 간결하고 쉽고 핵심적인 법문을 하셨습니다.

"비구들이여, 숲으로 가서 허리를 곧추세우고 들숨과 날숨을 관찰하라. 이근利根, 예리한 능력이나 소질을 갖춘 수행자는 일주일 만에 아라한과를 얻을 수 있다. 약간 둔한 수행자는 스무하루 만에 아라한과를 얻을 수 있다. 약간 더 둔한 수행자는 한 철 만에…….'

이런 식으로 법문하시다가 마지막에서는 칠 년이면 누구나 아라한과를 얻을 수가 있다고 하시면서 다시 아라한과를 얻지 못하더라도 많은 이익이 있다고 말씀하셨습니다. 그 당시에는 부처님의 법문으로 수많은 성자, 즉 아라한과를 얻으신 분들이 나오셨고 승단이 형성되면서 부처님의 법이 삼천 년을 이어 올 수 있었습니다.

좌선을 할 때 가장 기본이 되는 것은 허리를 곧추세우는 것과 바르게 호흡하는 것입니다. 허리를 구부리고 용맹정진 하는 것보다 자세를 바르게 하여 다섯 시간을 하는 것이 더 현명한 일입니다. 하루 20분 만이라도 부처님 법문대로 허리를 곧추세우고 들숨과 날숨을 관찰해 보십시오. 업이 녹는 것은 물론이요 많은 이익을 얻을 수 있습니다.

근래에는 부처님의 초기 경전이 잘 번역되어 나와 있습니다. 불자라면 꼭 읽어 보세요. 참고로 허리가 바르지 못하신 분들은 요가 자세 중에서 코브라 자세가 허리를 유연하게 만드니 따라해 보시길 바랍니다.

20분 좌선

선禪이라는 것은 사유思惟를 뜻합니다. 다리를 포개고 허리를 곧추세우는 자세는 가장 사유하기 좋은 자세이며 지혜를 일으키는 이상적 자세입니다. 사유라는 것도 여러 가지 방법이 있지만 결국은 내 마음을 들여다보는 것입니다. 내 마음이 보여야 내가 지금 화가 나는지, 집착을 하고 있는지, 어리석은지 등을 알고 소멸시킬 수 있습니다. 그리고 소멸된 그 자리에 지혜와 자비심이 일어나는 것입니다.

하루에 20분 만이라도 좌선을 한다면 행복하고 지혜로운 삶을 살 수 있습니다. 우리가 수행을 해야 하는 이유는 이웃과 더불어 행복하고자 하는 것입니다. 나의 지혜 있는 삶은 이웃과 더불어 행복하게 사는 삶이지만, 나의 무지한 삶은 이웃과 더불어 불편하게 사는 삶입니다.

기도祈禱

한 사람을 위해서 기도하면 한 사람이 감응感應합니다.

열 사람을 위해서 기도하면 열 사람이 감응합니다.

천 사람을 위해서 기도하면 천 사람이 감응합니다.

일체중생을 위해서 기도하면 일체중생이 감응합니다.

이름 없는 풀과 물과 바람과 지렁이 등 생명이 있는 모든 존재는 사람의 마음에 따라 느끼며 감응한다는 것을 현대의 과학자들도 밝혀내고 있습니다. 자신을 위해서 기도해 주는 분에게 호의적인 에너지를 발산하고 서로 자비심을 주고받는다면 서로가 행복해집니다.

일체중생 속에는 나 자신을 비롯해 가족 등 모두가 포함됩니다. 일체중생을 위하여 한 번 염송하는 관세음보살, 나무아미타불, 대비주의 들숨과 날숨은 모두에게 이익을 주는 것입니다. 단 한 번만이라도 일체중생의 고통을 생각하고 행복하기를 발원한다면 그 순간만큼은 불보살이 되는 것입니다.

마음을 열고 일체중생을 위해서 하는 기도는 어두운 사바세계를 밝히는 하나의 작은 촛불입니다. 어둠을 밝히는 사람이 많을 수록 세상은 밝아집니다. 일체중생을 위한 기도는 가장 인간다운 거룩한 마음이며 사바세계에서 가장 가치 있는 일입니다.

집중과 관찰

　마음공부를 지어 가는 일은 집중과 관찰, 이 두 가지를 벗어나지 않습니다. 마음을 집중하는 것과 마음을 모으는 데는 소리를 내서 그 소리를 듣는 이근원통耳根圓通, 들음에 의지하여 깨달음에 들어감이 제일이라 합니다. 다라니이든, 관세음보살이든, 나무아미타불이든, 인연에 따라 주 바라밀을 선택하여 끊임없이 염송하면서 마음을 모아야 합니다. 그것을 사마타奢摩他, śamatha라 하고 정定이라, 지止라, 일행一行이라 합니다.

　마음이 모아졌을 때 망상과 병고와 우환이 사라집니다. 매사에 자신감이 생깁니다. 우리의 마음이 흐트러졌을 때 망상과 병고와 우환이 침범합니다. 그러나 마음을 모으는 것으로만 끝나는 수행은 반쪽짜리 수행입니다. 반드시 마음을 모아서 비춰 보는 힘이 있어야 합니다. 낱낱이 정밀하게 현상을 비춰 보고 통찰할 때 현상이 공空함을 알고, 인연因緣 행상行相임을 깨닫고 고해의 바다를 건너가는 지혜를 드러냅니다. 그것을 '위빠사나'라고, '혜慧'라고,

'관觀'이라고, '일상一相'이라고 말합니다. 즉, 관찰觀察입니다. 우리가 마음닦기를 위해 사유하는 방법은 집중과 관찰을 벗어나지 않습니다. 사마타와 위빠사나·정定과 혜慧·지止와 관觀·일행一行과 일상一相이 함께할 적에 그것을 바른 수행이라 합니다.

어느 선지식이 "한국불교는 정은 있는데 혜가 없다. 나는 보조국사의 정혜쌍수定慧雙修를 배우겠다."고 말씀하신 적이 있습니다. 한번 생각해 볼 부분입니다. 많은 분들이 공부했다고 하지만 어딘가 그늘이 있는 것은 바로 이 부분입니다. 대부분이 마음을 모으는 것까지는 잘하지만 통찰하는 지혜가 부족한 경우가 많습니다. 집중은 잘 되는데 관찰이 부족한 분도 있고 관찰은 잘 되는데 집중이 부족한 분이 있습니다. 수행을 통해 나의 업이 보여도 금생에 그것을 극복하는 것은 보통 일이 아닙니다. 그것을 극복하는 것은 원력입니다.

오직 마음뿐

　예전에 한 젊은이가 몸이 불편해서 절에 요양하러 왔다가 절 수행을 하면 다 낫는다는 권유를 받고 절 수행을 시작했습니다. 절 수행을 하던 중 마지막에는 3천 배 백일기도를 작정했습니다. 3천 배를 시작한 지 60여 일이 지나자 깊은 의식 속에 엉킨 마음이 풀어지는 것을 느꼈고, 회향할 즈음에는 마음이 깃털처럼 가볍고 몸에 언제 병이 있었는지도 잊어버렸습니다.

　불자가 아니더라도 '일체유심조'라는 말은 다 알고 있을 겁니다. '모든 것이 마음으로 비롯되고 마음이 지었다.' '오직 마음뿐이다.'라는 말입니다.

　우리가 살고 있는 사바세계는 인因과 연緣이 만나서 펼쳐지는 세계이지만 인과 연의 주체는 마음입니다. 세계는 마음이 지은 바에 따라 펼쳐지는 것입니다. 하지만 이런 도리를 알지 못하고 눈 앞에 보이는 현상에만 매달려 문제를 해결하려는 것이 일반적입니다.

성내고 탐내며 남 탓하고 저주하는 부정적 마음이 누적되면 마음이 조화롭지 못하고 급기야 몸에 부조화 현상이 일어나면서 병이 납니다. 꼭 금생의 일만을 얘기하는 건 아닙니다. 전생의 부조화가 금생에 드러나기도 합니다.

현대 의학에서 모든 병의 근원은 스트레스와 유전자라고 말합니다. 절집 말로 하면 스트레스는 금생의 잘못된 생각, 유전자는 전생의 습관, 즉 전생의 업입니다.

유식唯識에서는 마음을 여덟 가지로 분석합니다. 우리가 말하고 생각하는 것은 여섯 번째 마음인 육식六識이며, 이보다 더 깊은 곳에 흔히 심리학에서 말하는 잠재의식인 7번째 마음 말나식이 있습니다. 이보다 깊은 의식은 제 8 아뢰야식이라고 하는 종자식種子識입니다. 말 그대로 금생에 모든 정보가 깊은 의식, 아뢰야식에 저장되었다가 다음 생과 연결됩니다.

심리학자들도 '인간의 삶은 잠재의식이 지배한다.'고 정의합니다. 심리 치료라는 것도 한마디로 잠재의식 속에 엉킨 마음을 상담을 통하여 풀어 주는 것입니다. 심리학자들은 잠재의식, 제 7 말나식까지 말하지만 근본적인 마음의 치유를 위해서는 아뢰야식에 있는 번뇌 망상을 뽑아야 합니다. 그래야 비로소 삼명육통이 됩니다.

아뢰야식에 있는 잘못된 습관, 업, 번뇌 망상은 깊은 삼매에 들어가야 제거할 수 있습니다. 깊은 삼매에 들어갔다 나오면 고질적인 병, 선천적인 병까지 완치된다고 합니다. 사유하고, 절하고, 간경하고, 염불하고, 진언하는 이 모든 수행이 말나식과 아뢰야식에 침전되어 있는 업장을 흔들어서 잘못된 행위를 참회하고, 발원하면서 업장을 녹이는 것입니다. 정진하시는 분들은 경험으로 이런 사실을 느낄 것입니다.

거친 사바세계에 살면서 매일 마음 단속하기가 쉽지는 않지만, 매일 정진으로써 극복하여야 건강한 몸과 마음을 가꾸어 나갈 수 있습니다.

식계 食戒

　전라남도 곡성 태안사에서 출가하여 행자 생활을 하면서 새벽 3시에 일어나고 6시에 죽으로 아침 공양, 12시 이전에 점심 공양, 오후 5시에 저녁 공양을 하고 밤 9시에 잠자리에 들었습니다. 이 것이 전형적인 우리의 절 문화입니다. 부처님이 살던 곳과 시절에 비하면 문화와 세월의 차이는 있지만 하루 일과는 원형 그대로 남아 있습니다.

　특히 먹는 것에 대한 가르침이 특이합니다. 그 시절 열악한 주거 환경에도 불구하고 부처님께서는 여든에 열반에 드셨는데, 이는 건강하게 오래 사신 것입니다. 하루에 한 끼를 드시면서도 그 한 끼 공양을 정오 이전에 마치라고 하셨습니다. 하지만 어린 나이에 출가한 아들 라훌라가 새벽에 배고파 울자 부처님께서는 아침으로 죽 공양을 허락하셨는데, 허기만 면하라는 뜻에서 허락하신 것입니다. 오후에는 모든 음식을 금했는데, 후대에 약석藥石이라 해서 저녁 공양을 허락했으나 순천 송광사의 1910년도 〈선원청규〉를 보면 그때까지도 선원에서 오후불식午後不食을 지켰음을 알 수 있습니다.

부처님께서는 '나에게 공양을 올리기 위해서 살생하지 말라.'고 하시며 이미 죽은 고기는 공양을 허락하셨는데, 후대에는 3종 정육淨肉 또는 5종 정육이라 해서 부분적으로 육식도 허락했습니다. 오신채파, 마늘, 부추, 달래, 홍거라는 것도 후대에 내려와 옛 스님들이 먹어 보니 마음이 산란해져서 먹지 말라고 한 것입니다.

후대 학자들은 부처님의 장수 비결로 적게 먹고 많이 걸었음을 이야기합니다. 일상에서도 그렇지만 수행에서도 먹는 것이 중요합니다. 굳이 수행이 아니더라도 아침에 가볍게 하는 죽 공양은 속을 참 편하게 합니다. 저녁에 하는 소식小食 내지는 불식不食은 아침에 몸을 가볍게 합니다. 채식 역시 위에 부담을 줄이고 몸을 따뜻이 하며 마음을 맑게 하는 데 도움이 됩니다. 위가 편해야 호흡도 깊어지고 정신도 살아납니다.

요즘 흔히 말하는 웰빙well-being의 원조이자 고급문화인 절집 문화는 수많은 아라한을 배출한 문화입니다. 재가에 있으면서 지키기는 것이 힘들겠지만 부처님의 가르침에 따라 원칙을 세우고 생활한다면 몸과 마음에 이익이 될 것입니다.

말년 수행

인도의 브라만은 나이가 오십이 되면 모든 것을 정리하여 장자에게 물려주고 부부가 숲으로 들어가 수행한다고 합니다. 처음에는 부부가 함께 공부하다가 세월이 지나면 헤어져서 각자 공부한다고 합니다. 참으로 이상적인 인생 관리인 것 같습니다.

우리나라도 늘어난 평균 수명에 비해 정년퇴직을 일찍 하게 되어 말년을 아무런 의미 없이 보내시는 분들이 많습니다. 한 생을 어렵게 나왔건만 목숨이 끊어질 때까지 바동거리며 살거나 그냥저냥 산다면 너무 억울합니다. 금생에 지은 죄와 업을 금생에 소멸하고 간다는 마음으로 삶의 후반부를 수행으로 마무리한다면 그보다 좋은 일이 있겠습니까. 몸과 마음을 가볍게 하여 이승을 떠난다면 다음 생에 돌아왔을 때에도 몸과 마음이 정결합니다.

수행을 통해 흰머리와 주름 속에 온화한 마음의 빛을 발한다면 말 그대로 고불古佛 아니겠습니까? 노후에 추천하는 수행은 염불 수행입니다. 예부터 참선만 하신 어른 스님들도 "참선과 염불을 함께하면 마치 뿔 달린 호랑이 같아서 현세에 뭇사람들의 스승이 되고 장래에는 부처나 조사가 될 것이다."며 말년에는 나무아미타불 염불 수행으로 회향하였음을 옛글을 통해 알 수가 있습니다.

아미타불을 공부하여 성취하는 세 가지 인연 중 증상연增上緣에서, 나무아미타불 염불은 근기와 상관없이 일생 동안 칭념稱念한다면 끝없는 옛적부터 지은 죄업을 제除하고 죽을 때에 아미타 부처님께서 성중聖衆과 함께 와서 맞아 간다고 합니다.

염불하는 것이 어디 쉽겠습니까? 지금 이 순간부터 조금씩 지어 나간다면 아미타불과 함께하여 결국에는 말년이 외롭지 않을 것입니다.

중생

　사람을 가리키는 중생이라는 말과 동물을 가리키는 짐승이라는 말은 본래 한 단어에서 파생된 두 단어라고 합니다.

　경전에서는 중생과 부처와 마음이 하나라고 하지만 불성 종자는 중생이라는 업장에 덮여蓋 있다가, 매몰埋沒되어 있다가 합니다. 우리가 염불하고, 좌선하고, 진언하는 것은 덮여 있는 불성, 매몰되어 있는 불성을 드러내는 것입니다. 하지만 현실에서는 불성은 찾아보기 힘들고, 중생, 짐승의 습성만 보일 뿐입니다. 인색, 간탐의 습성은 다겁생에 누적되어 있던 것인데 한 생 정진한다고 금방 소멸되겠습니까?

　출가 전에는 땅 몇 평 때문에 형제끼리 송사가 걸린 걸 보았습니다. 출가 후에도 마찬가지입니다. 평생 절에 다녔다는 노보살님이 건축 허가가 나지도 않는 땅을 건축 허가가 난다고 우기며 저에게 비싼 가격에 팔려는 모습을 보았고, 선방에 오래 계셨다는 스님이 해제비 때문에 다투는 것도 보았습니다. 큰절에서는 어른 스님의 행자 욕심도 보았습니다.

승속僧俗을 털어 이런 이익 다툼과 인색함을 보면서 '중생의 다 겁생 업장이 금생에 조금 닦는다고 닦이겠나.' 하는 생각이 들었습니다. 한 생각 돌이키면 다 용서가 되고, 이해도 되고, 연민심도 일어납니다. 부질없는 시비에 들어가 함께 업을 지을 필요는 없으며, 밑도 끝도 없는 다겁생의 업장 녹이는 것이 힘들다고 퇴굴심 낼 것도 없습니다.

옛 어른 스님들이 일러준 중생의 때를 씻기는 진실한 언어이자 만트라인, 만 공덕을 갖춘 부처님 명호 '나무아미타불'을 정성스럽게 염송하며 묵묵히 앞만 보고 간다면 세월이 흘러 뒤를 돌아보는 날 '아, 먼 길을 왔구나.' 하며 자신이 대견스러울 때가 있을 것입니다.

회광반조 廻光返照

우리는 늘 앞만 보면서 뛰어가고 있습니다. 항상 몸과 마음이 널 뛰면서 쓰면 뱉고 달면 삼키며 짐승의 본능으로 살아가고 있습니다.

소중한 사람의 몸을 받아서 그렁저렁 살아가기에는 너무나 억울한 일입니다.

하루에 20분이라도 좋습니다. 다리를 포개고 허리를 곧추세우며 호흡을 고르고, 나의 삶을 비추어 낱낱이 바라봅니다.

"지금까지 살아오면서 입으로 몸으로 마음으로 이웃에게 상처 준 것을 참회하오며, 지금까지 살아오면서 이웃에게 당한 억울함을 용서하면서 그들이 모두 행복한 삶을 누리기를 축원합니다."

단 20분이라도 반조返照 수행은 우리의 몸과 마음을 정화합니다. 정화된 몸과 마음은 금생에 행복을 가져다주고 다음 생에는 지금보다 더 나은 모습을 가져다 줄 것입니다.

자비심이 증장했는가

염불을 하든지, 진언을 하든지, 좌선을 하든지 간에 탐·진·치를 없애는 것이 수행입니다. 이런 수행을 통해 탐심과 화내는 마음과 어리석은 마음을 녹이게 되면 그 자리에 자비심이 돋아납니다. 자비심을 가꾸어 나가는 것이 수행입니다. 자비심은 중생들의 본래 마음이고 가장 정화된 마음이며 지혜의 실체이자 깨달음의 실체입니다.

옛날에 산중에서 공부하던 어느 스님이 공부를 다 했다고 생각하고는 중생제도를 하기 위해 산에서 내려오다가, 도중에 들짐승들이 자신을 피하는 것을 보고는 아직 멀었다 여기고 다시 산으로 올라갔다고 합니다. 조금이라도 해칠 마음이 깊은 의식 속에 남아 있다면 들짐승들이 피한다고 합니다. 수월 스님이 오대산 산중에 사실 적에 들짐승들이 스님을 그렇게 따랐다고 합니다.

일체중생을 위한 자비심이 일체중생의 업을 녹여 주고 깨달

음의 길로 인도합니다. 자신을 돌이켜봤을 때, 얼마나 공부했
는지가 중요한 것이 아니라 얼마나 자비심이 증장했는지가 중
요합니다. 이웃을 배려해 주고 인정해 주는 것이 바로 수행의
첫걸음입니다.

관세음보살觀世音菩薩

관세음보살觀世音菩薩님은 천 개의 손과 천 개의 눈으로 일체중생의 고통을 보고 듣고 자비의 손으로 거두어 주시는 분입니다. 그러나 관세음보살님은 마음 밖에 있는 것이 아닙니다. 누구나 일체중생의 고통을 보고 듣고 자비심을 일으켜 거두어 준다면 관세음보살입니다.

그런 분을 관세음보살님이 화현했다고 합니다. 내면에 깊이 들어가신 분은 풀 한 포기, 나무 한 그루, 개미 한 마리에서도 고통을 보고 듣고 자비심을 일으켜 거두어 줍니다.

일체중생 모두가 본래 관세음보살님이었습니다. 다만 중생들이 탐·진·치에 물들어 중생의 고통을 못 듣고 못 볼 뿐입니다.

천수천안

절집에는 참 옛날이야기가 많습니다. 소싯적에는 『삼국유사』에 있는 불교 관련 글을 보고 신빙성 없는 전설로만 취급했는데 절집에 들어와 다시 부처님 공부를 하니 업이 녹았는지 거짓이 없는 참글인 줄 알았습니다. 마찬가지로 극락세계에 대한 글도 업이 녹아야 드러나는 깨달음의 세계입니다.

전생의 인연과 기질에 따라 다르겠지만, 한 번만 읽고도 신심이 우러나와서 잊어버리지 않는 글이나 이야기가 있습니다. 제 마음속에서 무한한 신심이 우러나오게 했던 관세음보살님에 대한 이야기입니다.

관세음보살님께서 지옥에 있는 중생까지도 다 제도하리라 큰 원력을 세우시고 "만약에 내가 퇴굴하는 마음을 내게 되면 몸이 천 갈래 만 갈래로 갈라지리라." 하고 서원을 발하셨습니다. 그리고 해마다 지옥에 가서 모든 중생들을 다 제도하여 극락세계로 보냈는데, 갈 때마다 지옥에는 여전히 전과 같이 많은 중생들이 있었습니다. 관세음보살님께서 중생들을 다 극락세계로 보내고 하늘을 올려다보니 지옥으로 떨어지고 있는 중생들이 겨울에 눈송이가 내리듯 수없이 많았습니다. 관세음보살님께서는 순간 퇴굴하는 마음이 일어나 "저 끝없이 많은 중생들을 어떻게 다 제도하겠는가?" 하셨습니다. 그러자 관세음보살님의 서원 그대로 몸이 천 갈래 만 갈래로 갈라져 버렸습니다. 관세음보살이 그 고통으로 신음하고 있을 때 시방에 계신 부처님들께서 보시고는 신통력으로 몸을 원래대로 회복시켜 주시고 더불어 천 개의 손과 천 개의 눈을 주셨습니다.

아, 지옥에 중생들이 눈송이처럼 떨어졌다고 합니다. 우리가 알게 모르게 짓는 죄업이 얼마나 많겠습니까? 중생의 마음으로도 대 원력을 세우면 금생이 아니더라도 언젠가는 부처가 될 수 있는 것입니다.

모래 먹는 나한羅漢

어릴 때부터 책 읽기를 좋아했습니다. 글씨만 있으면 무엇이든 읽었던 기억이 있습니다. 중학교에 들어가 국어사전을 얻었는데 책 보듯이 첫 장부터 그냥 읽어 갔습니다. 그 많은 글 중에서 "모래 먹는 나한이 있다."는 말이 있었는데 전생에 인연이 있었는지, 그 말이 머릿속에서 지워지지 않고 늘 의문이 들었습니다. '나한은 왜 모래를 먹는다고 했는가?' 다시 나한이란 단어를 사전에서 찾아봤으나 불교에 대해서 전혀 모르는 중학생의 머리로는 그 말을 이해할 수 없었습니다.

그 후 오랜 세월이 흘러 출가사문이 되어서야 비로소 그 뜻을 이해하게 되었습니다. 해석하자면 '아라한과를 얻은 성자도 복이 없으면 공양을 올리는 사람이 없어 신통으로 모래를 공양 지어 먹으며 산다.'는 것입니다. 지혜만 있는 깨달음은 반쪽짜리 깨달음입니다. 부처님의 깨달음은 복과 지혜, 두 가지 모두 만족한 깨달음이라 해서 '양족존兩足尊'이라 합니다.

복을 바라는 재가자나 출가자도 아끼거나 짓는 일에는 소홀한 경우가 많습니다. 검소한 삶은 복을 아끼는 것입니다. 일체중생에 대한 배려하는 마음은 복을 짓는 것입니다. '검소한 삶과 배려하는 마음', 이것이 복혜쌍수, 즉 복과 지혜를 함께 닦아 나가는 참 수행입니다.

자비심 慈悲心

자비심이란 뭇 중생의 고통을 나의 고통으로 느끼는 것입니다. 그러기에 중생이 아프면 보살도 아프다고 하는 것입니다.

자비심과 수행은 정비례합니다. 온 우주를 감싸는 자비심이 있어야 일체중생을 제도할 수 있는 것이고, 일체중생을 제도하려 하면 온 우주를 감싸는 자비심이 있어야 합니다.

수행이란 결국은 자비심을 일구어 가는 것입니다. 자비심은 고갈되어 가는 것이 아니라 일으킬수록 증장되고 정밀해지는 것입니다. 마치 샘은 퍼낼수록 맑아지듯이.

한 번 일으킨 자비의 마음이 나를 정화하며 온 우주를 정화시켜 주고, 한 번 성내는 마음이 나를 오염시키며 온 우주를 오염시켜 버립니다.

이 마음을 본다면 성낼 수가 있겠습니까? 참으로 알면서 행하기 힘든 일입니다.

삼생 三生

현재의 나의 모습이 전생의 모습이면서 내생의 모습입니다

현재의 나는 과거와 현재와 미래, 이 삼생을 살고 있는 것입니다.

우리 주변에 술과 담배 그리고 도박으로 인생을 망치는 사람이 흔합니다. 잘못된 습관의 극복은 한 생에 이루기가 쉽지만은 않습니다. 물고기가 오백 생을 윤회하고 사람의 몸을 받는데, 그 몸이 어부의 몸이라고 합니다. 물고기는 수백 생을 윤회해도 어부밖에 보지 못했기 때문입니다. 또한 어부는 죽어서 물고기의 몸을 받는다고 합니다. 늘 물고기만 바라보고 산 어부는 제8 아뢰야식에 물고기만 저장되어 있기 때문입니다. 그래서 물고기는 어부로, 어부는 물고기로 돌고 도는 이 윤회의 고리를 끊는 것이 그렇게 힘들다고 합니다.

하물며 부처님 공부는 오죽하겠습니까? 현실적으로 진언을 하는 것도, 부처님 명호를 한 번 염송하는 것도, 좌선을 한 번 하는 것도 무수한 인연이 있어야 할 수 있는 것입니다. 척박한 업과 인연

을 극복하는 방법은 원력입니다. 늘 원력을 세우십시오. 입으로
하는 원력을 생각으로 하면 결국에는 마음으로 이룰 수 있습니다.

無量遠劫卽一念 무량원겁즉일념
一念卽時無量劫 일념즉시무량겁

오랜 세월 동안 어두웠던 동굴도 순간의 등불로 밝아지듯이 한
량없는 세월의 부정적 생각도 한 생각으로 바꿀 수 있으며, 한 생
각이 무량겁을 갑니다. 한 생각, 즉 좋은 생각도 한량없는 세월을
가고 부정적 생각도 한량없는 세월을 갑니다.

한 생각, 좋은 원력이 나의 삼생을 바꿀 수 있습니다.

자비관慈悲觀 수행

고통의 사바세계에서 마음의 평화를 얻고자 한다면 명상을 하십시오. 많은 명상 중에서도 특히 자비관 수행은 몸과 마음의 평화를 빨리 얻게 해 줍니다.

명상의 첫 걸음은 소식입니다. 적게 먹어야 집중이 잘 됩니다. 명상을 좀 더 심도 있게 하고자 한다면 오후불식이 좋습니다. 저녁에는 효소 음료수 한 잔, 이것이 힘들 때 과일 한 조각이면 다음 날 아침까지 몸과 마음의 평화를 얻을 수 있습니다. 위장을 비운 상태에서 좌복坐服에 앉아서 첫 호흡을 길게 내쉬십시오. 태로 태어나는 모든 중생은 첫 호흡을 내쉰다고 합니다. 그리고 천천히 또박또박 염송합니다.

1) 나로 인하여 고통 받는 모든 중생이 고통을 여의고 행복하십시오. 길거나 짧거나 아니면 중간치거나 미세한 것이나 거대한 것이나, 눈에 보이거나 눈에 안 보이거나, 멀리 살거나 가

까이 살거나, 태어났거나 태어나려 하는 모든 중생이 고통을 여의고 행복하십시오.

2) 도량 내에 있는 모든 중생이 고통을 여의고 행복하십시오. 길거나 짧거나 아니면 중간치거나 미세한 것이나 거대한 것이나, 눈에 보이거나 눈에 안 보이거나, 멀리 살거나 가까이 살거나, 태어났거나 태어나려 하는 모든 중생이 고통을 여의고 행복하십시오.

3) 도내에 있는 모든 중생이 고통을 여의고 행복하십시오. 길거나 짧거나 아니면 중간치거나 미세한 것이나 거대한 것이나, 눈에 보이거나 눈에 안 보이거나, 멀리 살거나 가까이 살거나, 태어났거나 태어나려 하는 모든 중생이 고통을 여의고 행복하십시오.

4) 남쪽에 있는 모든 중생이 고통을 여의고 행복하십시오. 길거나 짧거나 아니면 중간치거나 미세한 것이나 거대한 것이나, 눈에 보이거나 눈에 안 보이거나, 멀리 살거나 가까이 살거나, 태어났거나 태어나려 하는 모든 중생이 고통을 여의고 행

복하십시오.

5) 북쪽에 있는 모든 중생이 고통을 여의고 행복하십시오. 길거
나 짧거나 아니면 중간치거나 미세한 것이나 거대한 것이나,
눈에 보이거나 눈에 안 보이거나, 멀리 살거나 가까이 살거
나, 태어났거나 태어나려 하는 모든 중생이 고통을 여의고 행
복하십시오.

6) 동쪽에 있는 모든 중생이 고통을 여의고 행복하십시오. 길거
나 짧거나 아니면 중간치거나 미세한 것이나 거대한 것이나,
눈에 보이거나 눈에 안 보이거나, 멀리 살거나 가까이 살거
나, 태어났거나 태어나려 하는 모든 중생이 고통을 여의고 행
복하십시오.

7) 서쪽에 있는 모든 중생이 고통을 여의고 행복하십시오. 길거
나 짧거나 아니면 중간치거나 미세한 것이나 거대한 것이나,
눈에 보이거나 눈에 안 보이거나, 멀리 살거나 가까이 살거
나, 태어났거나 태어나려 하는 모든 중생이 고통을 여의고 행
복하십시오.

8) 아래쪽에 있는 모든 중생이 고통을 여의고 행복하십시오. 길거나 짧거나 아니면 중간치거나 미세한 것이나 거대한 것이나, 눈에 보이거나 눈에 안 보이거나, 멀리 살거나 가까이 살거나, 태어났거나 태어나려 하는 모든 중생이 고통을 여의고 행복하십시오.

9) 위쪽에 있는 모든 중생이 고통을 여의고 행복하십시오. 길거나 짧거나 아니면 중간치거나 미세한 것이나 거대한 것이나, 눈에 보이거나 눈에 안 보이거나, 멀리 살거나 가까이 살거나, 태어났거나 태어나려 하는 모든 중생이 고통을 여의고 행복하십시오.

10) 일체중생 모두가 고통을 여의고 행복하십시오. 길거나 짧거나 아니면 중간치거나 미세한 것이나 거대한 것이나, 눈에 보이거나 눈에 안 보이거나, 멀리 살거나 가까이 살거나, 태어났거나 태어나려 하는 모든 중생이 고통을 여의고 행복하십시오.

11) 천천히 숨을 들이쉬면서 _{관세음보살의 천수천안을 관하면서}

"일체중생의 모든 고통을 다 거두어 주겠습니다."

숨을 천천히 내쉬면서 _{아미타불의 무량광을 관하면서}

일체중생에게 낱낱이 자비의 빛을 방사합니다.

다시 천천히 숨을 들이쉬면서

"일체중생의 모든 고통을 다 거두어 주겠습니다."

숨을 천천히 내쉬면서

일체중생에게 낱낱이 자비의 빛을 방사합니다.

12) 마음에서 끊임없이 이어지는 자비의 빛을 방사합니다.

시간적으로는 무량수불이며 공간적으로는 무량광불입니다.

아, 나는 간 곳이 없고 무량수불과 무량광불뿐입니다.

마음을 좁게 쓰면 바늘 하나 떨어질 자리도 없지만 마음을 넓게
쓰면 삼천대천세계를 감싸고도 남음이 있는 것입니다.

한 생각, 억한 마음이 삼천대천세계를 오염시키고

한 생각, 자비한 마음이 삼천대천세계를 정화합니다.

명상 수행은 공기를 정화시키는 것과 같습니다.

알게 모르게 일체중생에게 마음을 베푸는 것입니다.

자비관법은 부처님께서 육성으로 직접 일러주신 수행법입니다.
부처님께서도 이 자비관법 수행을 하셨다고 합니다.

위의 수행법은 각자 자신에게 맞게 수정해서 하면 됩니다.

절 수행

부처님을 한 분 한 분 칭념稱念하며, 부처님의 무량공덕을 찬탄하면서, 나의 소중한 정수리를 가장 낮은 바닥에 대면서, 일체중생을 대신해 참회 발원하는 공덕은 참으로 희유한 공덕입니다.

그 공덕으로 다겁생의 뿌리 깊은 '나라는 생각我相'을 조금이나마 녹일 수 있는 것입니다.

참회글懺悔文

願滅四生六途 法界有情	원멸사생육도 법계유정
多劫生來罪業障 我今懺悔稽首禮	다겁생래죄업장 아금참회계수례
願諸罪障悉消除 世世常行菩薩道	원제죄장실소제 세세상행보살도

원하옵건대, 법계 사생육도의 모든 생명 있는 중생들이 다겁생에 지은 죄업이 모두 소멸되기를 제가 이제 머리 숙여 참회하며

절을 하옵나니, 모든 죄업과 업장이 사라지고 태어날 때마다 보살
도를 닦기를 바라나이다.

願以此功德 普及於一切 我等與衆生 원이차공덕 보급어일체 아등여중생

當生極樂國 同見無量壽 皆共成佛道 당생극락국 동견무량수 개공성불도

원하옵나니, 이와 같은 공덕이 저를 비롯한 모든 일체중생들에
게 두루 하여 모두가 반드시 극락왕생하여 다 함께 아미타 부처님
을 친견하고 함께 성불하기를 발원하나이다.

헌신獻身

가장 이상적인 수행과 삶은 헌신입니다. 일체중생을 위해서 몸과 마음을 다하는 것입니다.

공부와 회향이 따로따로 있는 것이 아닙니다. 동시에 이루어지는 것이 바른 공부를 지어 가는 것입니다.

부처님 공부는 중생들에게 대접 받는 공부가 아니라 중생들을 시봉하는 공부이기에 생각으로 깨치기는 쉬워도 마음으로 깨치기는 어렵고도 어려운 공부입니다.

입으로는 깨치기가 쉬워도 몸으로 깨치기는 어려운 공부입니다. 그러나 한 순간만이라도 사무쳐 일체중생의 고통을 헤아려 준다면 그 공덕은 무량한 것입니다.

기도

기도를 하면 소원이 이루어집니다. 그러나 소원이 이루어지지 않아도 서운한 마음이 들지 않아야 바른 기도입니다.

기도는 부족하여 채우는 것이 아니라 이미 차 있는 것을 비워 내는 것입니다.

한 사람을 위해서 기도하면 한 사람이 감응합니다.

열 사람을 위해서 기도하면 열 사람이 감응합니다.

일체중생을 위하여 기도하면 일체중생이 감응합니다.

일체중생을 위해서 마음을 내는 것이 불보살님의 마음입니다.

불보살의 마음은 일체중생 모두가 간직하고 있는 자성청정심自性清淨心, 우리가 본래 가지고 있는 마음을 뜻하는 것으로, 근본 마음은 어느 것으로도 물들지 않는 청정한 마음이다. 입니다. 참회와 발원으로 본래 간직한 자성청정심을 드러내는 것이 가장 수승한 기도입니다.

『금강경』 공부

『금강경』 공부도 특별한 것은 없습니다. 그저 많이 읽는 것입니다. 『금강경』의 주해를 몇 권의 책으로 쓴다 한들 마음자리를 깨치지 못하면 지식의 유희일 뿐입니다. 이것은 경전 공부하시는 분들이 가장 경계하여야 할 부분입니다. 경전 공부를 하든 염불 수행을 하든 참선을 하든, 부처님 공부는 지식을 공부하는 것이 아니라 마음자리를 공부하는 것입니다.

어떤 경전이든지 독송에 앞서 「개경게開經偈」의 '무상심심미묘법無上甚深微妙法……'을 독송하고 마지막에는 '원이차공덕 보급어 일체願以此功德 普及於一切……'로 회향합니다.

"如是我聞하사오니 一時에 佛이 在舍衛國祇樹給孤獨園하사……."

『금강경』 제1장 「법회인유분法會因由分」

한문 그대로 읽는 습관을 들이는 것이 좋습니다. 어려운 한자는 연필로 메모해 가면서 토까지 읽고 한문이 눈에 익으면 연필 메모를 지우면서 읽으면 됩니다. 뜻이 궁금하면 한글로 해석한 것을 메모해 가면서 읽되, 그 뜻을 새기는 데 주안점을 두면서 독송해 나갑니다. 한 고비를 넘겨 독송이 귀에 익으면 한문 그대로 독송해도 뜻이 드러나게 됩니다. 이것은 자신이 수보리須菩提가 되어서 부처님께 질문하고 답변을 듣는 것과 같습니다.

산중에서 『금강경』을 공부할 적에 매일 부처님의 법문을 듣는다는 자세로 독송했습니다. 오래오래 독송해서 부처님의 간절한 법문이 마음에 사무쳐 갈 때 삶에서 『금강경』이 우러나게 됩니다.

탓하기보다는
발원하십시오

수행이란 진실한 마음을 가꾸어 나가는 것입니다. 진실한 마음에서 진실한 말과 진실한 행동이 나오는 것입니다. 진실한 마음은 일체중생을 이익 되게 합니다. 진실한 마음이란 곧 부처님 마음입니다.

탐심이 많은 사람을 만나면 그를 탓하기보다는
그의 탐심이 소멸되기를 발원하십시오.
진심이 많은 사람을 만나면 그를 탓하기보다는
그의 진심이 소멸되기를 발원하십시오.
어리석은 사람을 만나면 그를 탓하기보다는
그의 지혜가 발로하기를 발원하십시오.

이것이 불보살의 마음입니다.

성찰과 소멸

부처님 공부는 자신을 바로 보는 것입니다. 끊임없는 성찰을 통해서 탐·진·치 삼독심을 소멸시키는 것입니다. 탐하고 성내고 어리석은 세 가지 독한 마음이 소멸된 그 자리는 무량광불, 즉 무한한 광명으로 채워집니다. 무한한 광명이란 일체중생이 모두가 간직한 무량수불, 즉 순수한 생명이며 그것이 드러날 적에는 일체중생에 대한 자비심觀世音菩薩으로 나타나는 것입니다.

염불, 진언, 좌선, 절 수행, 간경 등 모든 수행은 자신을 바로 보게 하는 수단이며 방편입니다. 사람의 기질에 따라 수행법의 선택이 다를 뿐입니다.

조화로운 마음

사바세계는 정신세계와 물질세계로 이루어져 있습니다. 정신 세계의 부조화는 물질세계에 파도를 일으킵니다. 수행이란 늘 정신세계를 잘 살펴서 조화롭게 하는 것이며 조화로운 마음은 육체를 조화롭게 하며 사회를 조화롭게 합니다.

우주의 질서는 인과로 이루어져 있습니다. 깨어 있는 자는 늘 원인을 보고 어두운 자는 결과를 봅니다. 바른 수행이란 늘 깨어 있는 것을 말합니다.

사바세계를 살아가는 지혜는 특별한 것이 없습니다. 선업을 지으며 시절인연을 기다리는 것입니다. 전생부터 선업이 깊은 사람은 금생의 적은 선업으로도 시절인연이 도래하지만 전생의 선업이 박한 사람은 오랜 선업 끝에 시절인연이 도래합니다. 일찍 찾아오는 시절인연보다 애간장을 다 태우다가 느지막이 찾아오는 것이 더욱 좋은 것입니다.

일체중생을 위한 기도

기도는 가장 완벽한 수행입니다. 기도 속에는 참회와 발원과 회향이 다 들어 있습니다. 가장 좋은 기도는 불편한 관계의 사람을 위해 기도하는 것입니다. 불편한 관계는 내가 갚아야 할 인연이며 불편한 관계가 해소되었을 때 비로소 업이 녹았다 말할 수 있습니다.

더 좋은 기도는 일체중생을 위한 기도입니다. 나의 자그마한 소망도 일체중생 속에 다 들어 있습니다. 일체중생을 위하여 발원하는 마음이 가장 좋은 마음이며, 그 마음이 나의 업을 녹이고 이웃의 업을 녹입니다. 내가 잘돼야 이웃이 잘되는 것이 아니라 이웃이 잘돼야 내가 잘되는 것입니다. 이웃과 일체중생을 위하여 기도하는 사람이 많아질수록 고통의 사바세계를 극락세계로 장엄할 수 있습니다.

용서와 참회

새벽에 일찍 깨어 다리를 포개고 허리를 곧추세우고 마음을 가다듬고 염송합니다.

"일체중생의 모든 고통을 다 거두어 주겠습니다."

아, 사바세계에 미운 중생들이 얼마나 많습니까? 그들을 모두 다 용서하고 그들의 고통을 관세음보살님의 마음으로 모두 거두어 주는 것입니다. 용서는 이웃한 중생에 대한 자비심이 아니라 나 자신에 대한 용서와 참회입니다.

다시 한 번 더 마음을 활짝 열고 숨을 천천히 들이쉬면서 염송합니다.

"일체중생의 모든 고통을 거두어 주겠습니다."

"약한 것이나 강한 것이나, 길거나 짧거나 중간치거나, 미세한 것이나 거대한 것이나, 눈에 보이거나 눈에 안 보이거나, 가까이 살거나 멀리 살거나, 태어난 것이나 태어나려 하는 것이나 모든 중생들의 고통을 다 거두어 주겠습니다."

그리고 끝없는 자비심을 온누리에 방사합니다.

적개심은 중생의 마음입니다.
자비심은 불보살의 마음입니다.
이 두 마음은 누구나 간직하고 있는 마음입니다.

수행은 적개심을 소멸하고 자비심을 증장시키는 것입니다. 자
비심을 일으키는 공부가 가장 행복한 공부이며, 자비심을 일으키
는 마음이 가장 행복한 마음입니다.

한 생각

예전이나 지금이나 군대 가기 싫어서 자해하는 사람들이 있습니다. 시골에서 한 청년이 소여물을 작두로 썰면서 늘 '손가락 하나 넣고 썰까? 그러면 군대 안 가는데.' 하고 생각했으나 정작 손가락을 넣고 썬 일은 없었습니다. 그 후에 그 청년이 장가를 가서 애를 낳았는데 그 애의 손가락 중 하나가 없었습니다.

좋은 생각이든 나쁜 생각이든 한 번 입력된 생각은 지워지지 않고 금생이 아닌 다음 생이라도 발아하게 됩니다. 다시 말하면 '죽일 놈'이라는 한 생각이 금생에는 일어나지 않더라도 다음 생에 살인을 할 수 있는 조건을 만듭니다. 반면에 금생의 나무아미타불의 한 생각이 다음 생에 성불의 씨앗이 되는 것입니다.

수행이라는 것은 결국 한 생각을 잘 지어 가는 것이고 수없는 생을 윤회하면서 쌓아 온 부정적인 업을 정화하는 것인데, 나무아미타불 염불이 부정적인 업을 긍정적인 업으로 바꿉니다.

혼자 놀기

대중처소를 접어 두고 암자에서 혼자 정진하며 살고 있습니다. 홀로 정진하는 암자 생활을 하려면 혼자서도 잘 놀아야 합니다. 그리고 어느 곳에서 살든 스님의 생활은 독신 생활이기 때문에 고독에 강하고 그것을 즐길 줄 알아야 중노릇을 잘할 수 있는 것입니다.

세속에서의 특이한 경력, 즉 이십 년을 혼자서 냄비에 밥해 먹은 이력으로 별 부담 없이 잘 지내고 있습니다. 대중처소에서와 똑같이 일어날 시간에 일어나고, 공양할 시간에 공양하고, 정진할 시간에 정진하고, 잠잘 시간에 잠을 잡니다. 그러나 이런 생활은 쉬운 것 같지만 스님들에게도 어려운 일입니다.

세속 나이로 동년배인 주변 분들 중에 나이가 들어 정년퇴직을 했으나 안타깝게도 돈도 권력도 없어서 찾아오는 사람 하나 없는 분들이 있습니다. 만약 그분들이 남는 시간에 부처님 공부를 한다면 행복한 시간이 될 것입니다. 인생의 회향을 부처님 공부로 마무리한다면 노년이 두렵지 않고 죽음이 두렵지 않을 것입니다. 사바세계에 온 이유원력수생, 顯力受生가 되는 것입니다. 그러나 역시 젊은 시절부터 꾸준히 준비하는 기간이 있어야 노년에 남는 시간 동안 혼자서 잘 놀면서 지낼 수 있습니다.

내일이면 늦습니다. 늘 준비하는 마음으로 수행법을 선택해서 정진의 힘을 키우십시오. 결국은 혼자 가는 길입니다. 다음 생에 마음밖에 더 가져가겠습니까?

정진은 짧고 굵게

혼자 도량석부터 시작해서 법당에 들어가고, 손수 공양을 준비하며 마당의 풀을 뽑고 하다 보면 하루가 금방입니다. 그래도 틈틈이 앉거나 염불하려 애쓰고 있습니다. 재가에 계신 신도 분들도 그러하리라 생각합니다. 생업에 쫓겨 바쁘게 살다가 보면 정진 시간을 내기가 쉽지만은 않습니다. 달라이 라마 스님 법문을 보면 정진을 짧고 굵게 하라고 권하고 있습니다. 그러면서 최소 정진 시간을 20분으로 하라고 법문하신 것으로 기억하고 있습니다.

혼탁한 마음으로 밤을 지새우는 것보다 깨어 있는 마음으로 매일 20분씩 염불과 좌선을 하는 것도 대단하다고 생각합니다. 20~30분 동안 염불과 좌선을 하면 참 소중한 시간이라는 생각도 들고, 그 짧은 시간에도 간절한 마음이 일어납니다. 허리를 곧추세우고 짧은 시간이나마 숨을 고르거나 다라니를 하거나 염불을 하는 것은 좋은 일이며, 가치 있는 일이며, 수승한 일입니다. 하루 20분만 해도 마음의 평화를 얻을 수 있고 행복해질 수 있습니다.

잠시 틈을 내어 염송합니다.

"일체중생의 고통을 다 거두어 주겠습니다. 약한 것이나 강한 것이나, 길거나 짧거나 아니면 중간치거나, 미세한 것이나 거대한 것이나, 눈에 보이거나 눈에 보이지 않거나, 가까이 있거나 멀리 있거나, 태어난 것이나 태어나려 하는 것이나 모든 일체중생의 고통을 다 거두어 주겠습니다."

중생의 고통을 거두어 주려는 이 마음이 불보살의 마음입니다. 불보살의 마음을 잠시라도 간직한다면 무량한 복과 지혜가 되지 않겠습니까.

해오解悟와 증오證悟

깨달음에는 두 가지가 있습니다. 하나는 해오解悟이고 다른 하나는 증오證悟입니다. 해오는 이치적으로 깨달은 것이고 증오는 이치적으로 깨달은 것을 증명하는 것입니다. 다시 말해 이론을 증명하는 것이 깨달음인데 이 두 가지가 원만할 때에 비로소 깨달았다고 할 수 있습니다.

부처님 이후에 많은 아라한들이 출현하고 깨달음을 증명하신 분들에 의해서 삼보三寶가 전해져 융성해졌습니다. 그러나 역사적으로 깨달음을 해오한 분들은 많아도 깨달음을 증명한 분들은 드뭅니다. 근대사에 만인이 공감하는 깨달음을 증명하신 분은 수월 스님이라고 생각합니다.

수월 스님은 당신의 대비주大悲呪, 대비심을 일으키는 주문 수행으로 짐승까지도 감화를 시키셨습니다. 탐심의 뿌리가 완전히 뽑혀야 짐승의 조복調伏을 받는다는 것입니다. 사바세계를 떠나실 때, 스님께서 차를 드시다가 잠깐 목욕하고 오겠다고 하시며 개울에 가서서 목욕을 하시고는 벗은 옷을 모두 머리에 이시고 좌선하신 채로 열반하셨다고 합니다. 열반하신 지 백 년이 지났지만 수월 스님의 이야기는 입에서 입으로 전해졌고, 스님을 흠모하는 분들도 아직도 많습니다. 언제인가 토굴에서 정진하는데 구참 스님이 오시더니 수월 스님 이야기를 하면서 수월 스님이 계셨던 곳은 다 가서 살아 봤다고 하셨습니다.

출가하신 분들도 증오라는 어려운 길을 택하기보다는 손쉬운 길을 택해서 가고 있습니다. 물론 승가에는 포교하는 분도, 행정을 맡아보는 분도, 절을 짓는 분도, 연구하는 분도 있어야 합니다. 그러나 가장 큰 복과 큰일은 깨달음을 증명하는 것, 즉 증오를 하는 것입니다. 역사적으로도 깨달음을 증명하신 분들은 극소수에 불과합니다. 그만큼 어렵고 어려운 길입니다.

개인적으로는 그동안의 삶을 통해 이론은 정립했다고 생각합니다. 그리고 금생에 이론을 증명하는 것이 저의 '원顯'입니다. 이론이 증명돼야만 이론과 증명 모두가 원만한 깨달음이 되기 때문입니다. 이론과 증명 간의 거리가 저 멀리 산봉우리가 가물가물하게 보이는 것처럼 보여도 그것이 한 생이 걸릴 수도 있는 것이고 삼 생이, 아니 다겁생이 걸릴지 아무도 모르는 길입니다.

머나먼 길이기에 수많은 심약하고 옹졸한 사람들이 낙오하는 것이지만 그 심약하고 옹졸한 낙오자를 탓하기보다는 내 앞길이나 부지런히 가야 합니다.

관觀과 관찰觀察

부처님의 육성 법문 가운데 사념처 수행이 있습니다. 몸[身]과 느낌[受] 그리고 마음[心]과 법法을 관찰하는 수행입니다. 이 네 가지를 끊임없이 관찰해서 바른 지혜를 일으키고 탐·진·치 삼독의 번뇌를 끊어버리는 것입니다.

"비구여, 숲에 들어가서 허리를 곧추세우고 들숨과 날숨을 관觀하라." 등, 부처님의 육성 법문에서는 늘 관찰을 하라고 합니다. 또 경전에서의 수행법도 관법觀法, 즉 관찰觀察입니다. 관찰을 좀 더 쉽게 설명한다면 살펴봄 또는 알아차림입니다. 절집에서 흔히 하는 말인 조고각하照顧脚下, 자기의 발밑을 잘 비추어 돌이켜 본다는 뜻, 회광반조廻光返照, 조견照見, 묵조默照 모두 '관'이라는 범주에 드는 말입니다. 흔히 "화두話頭만 하면 된다.", "염불만 하면 된다."고 말하지만 수행의 목적은 탐·진·치 삼독심을 없애고 '반야'와 '지혜'를 일구는 데 있습니다. 지혜를 일구는 수행법에는 간경, 송주誦呪, 화두, 염불 등 여러 가지가 있습니다.

수행을 했다고 해도 마음이 거칠고 재물과 이름과 색色에 헐떡거리면 그것은 반야와 지혜가 부족한 쭉정이 수행입니다. 반야와 지혜는 관찰에서 나오는 것입니다. 어떤 수행법으로 수행을 하든 바르게 해서 탐·진·치 삼독심을 녹이면 온갖 분별과 망상에서 벗어나 모든 존재의 참모습을 깨닫게 되는 것입니다.

실제 수행에 있어서 사유하고 관찰하고 살펴보는 것이 그리 쉬운 일은 아닙니다. 정진 좀 했다고 안하무인眼下無人으로 살아가는 수행자를 많이 볼 수 있습니다. 관觀 수행에서 가장 초보자가 할 수 있는 것은 들숨과 날숨을 관찰하는 것입니다. 부처님께서는 이 수행으로 아라한과까지 이룰 수 있다고 하시며 권하기도 했습니다.

내가 화를 내면 화내는 마음이 보이고 그 마음을 소멸시킬 수 있습니다. 또한 집착하면 집착하는 마음이 보이고 그 집착에서 벗어날 수가 있습니다. 구업을 지으면 구업 짓는 마음이 보이고 구업을 소멸시킬 수 있습니다. 이 다겁생의 탐·진·치를 한 번에 소멸시키지 못해도 계속하여 반조返照하고 관찰하고 살펴본다면 거친 번뇌망상이 일어나는 횟수가 열 번에서 다섯 번으로 줄어듭니다. 더 나아가 서너 번으로 줄어들고 마침내는 소멸시킬 수 있습니다.

못난이

어느 단체든 그 모임 속에는 못난이가 있습니다. 물론 승가에도 못난이가 있고 현대뿐 아니라 부처님 시절에도 육군비구六群比丘라는 못난이들이 있었습니다. 그 육군비구 덕에 많은 계율이 생겼다고 합니다. 역설적으로 못난이들 덕에 승단이 발전한 것이지요.

못난이에게 가장 좋은 약은 그들을 탓하는 것보다 어미가 못난 자식을 생각하듯이 보듬어 주는 것입니다. 타고난 못난이는 어쩔수 없지만 그 못난이에게도 예쁜 구석은 있습니다. 못난이의 예쁜 구석이 보일 때 내 자비심을 측량할 수 있습니다. 나름대로 엄청나게 애를 쓰면서 최선을 다하는데도 탓만 한다면 못난이는 포기하는 방법밖에 없습니다. 못난이도 할 일이 있고 역할이 있는 단체나 모임이 우리가 추구하는 극락세계입니다.

각박한 세상이 아닌, 못난이도 잘난 이도 모두 더불어 가는 세상이 되었으면 좋겠습니다.

사바세계는 참고 견디며
인욕忍辱하여야 살 수 있는 곳입니다.
부처님께서 중생에게 연민하는 마음으로
마음의 상처에 바르는 약을 일러주었습니다.
'나무아미타불'

나무아미타불 염불은 마니보주와 같아서
마니보주가 탁한 물을 청정수로 바꾸어 놓듯이
나무아미타불 염불이 사바세계 중생들의 멍든 가슴을
치유하는 것입니다.

나   무
아미타불은
천   상   의
소리입니다

천상의 소리

'나무아미타불'은 천상의 소리입니다. 나무아미타불 염불만큼 아름다운 소리는 없습니다. 오래오래 듣고 염송해도 싫증이 안 나는 소리입니다.

어디 '아미타불'뿐이겠습니까? '관세음보살', '옴마니반메훔' 등 『천수경』에 나오는 부처님 명호와 참다운 언어와 진언 모두가 긍정적인 언어이며 아름다운 소리입니다. 긍정적인 언어는 긍정적 생각으로 이어지고, 긍정적 말과 생각은 삶을 윤택하게 하고 사회를 밝힙니다.

진언이나 부처님의 명호나 부처님 말씀은 오래오래 말할수록 신심이 더욱 나며 업이 소멸함을 알 수 있습니다.

'나무아미타불'은 깨달음으로 인도하는 소리입니다. 옛 어른이 말씀하시길 '나무아미타불' 한 번에 무량한 죄업이 소멸하고 '나무아미타불' 한 번에 무량한 중생을 제도할 수 있다고 합니다. 이 얼마나 불가사의한 소리입니까.

거지 아이의
나무아미타불

중국에서 연종蓮宗, 정토종의 제 13대 조사로 추앙 받는 인광 대사 1861~1940께서 어느 날 길을 가는데 거지 아이가 달려들어 돈을 달라고 졸랐습니다. 대사는 그 아이에게 "그럼 '나무아미타불'이라고 한 번 해 보거라. 그럼 돈을 주겠다." 하고 약속했습니다. 그런데 거지 아이는 그 소리에 입이 쩍 달라붙어 눈만 말똥거리고 있었습니다. 대사가 돈을 보여 주면서 액수를 계속 높여 준다고 해도 거지 아이는 '나무아미타불' 한 번을 말하지 못했습니다. 결국 대사가 돌아서서 가는데 그 거지 아이는 돈이 욕심났으나 입이 떨어지지 않아 울면서 계속 대사를 쫓아갔습니다. 대사는 나중에 이 아이에게 돈을 주었다고 합니다.

인연 없는 중생은 그렇게 나무아미타불 한 번을 말하기가 힘듭니다. '나무아미타불' 열 번만 해도 극락세계에 왕생한다는 말, 한 번 해도 무량한 죄업이 소멸된다는 말은 그만큼 '나무아미타불'이 소중하고 귀한 만트라이자 진실된 말이며 또한 부처님 명호이기 때문입니다. 그만큼 소중하고 귀한 나무아미타불 염불은 인연과 복이 없으면 하기 힘든 것입니다. 그러나 인연이 없으면 인연을 짓는 것이 수행이요, 복이 없으면 복을 짓는 것이 수행입니다.

나무아미타불 염불을 하는 데 특별한 것은 없습니다. 크지도 작지도 않은 소리로 정성을 들여서 '나무아미타불'이라고 칭념하시면 됩니다. 또 처음에는 정성이 없더라도 염불이 깊어져 가면 정성스럽게 되는 것입니다. 염불 공덕을 어떻게 말로 다하겠습니까. 본인 스스로가 느껴 가는 것입니다.

극락세계 極樂世界

나무아미타불 염불 수행에는 크게 두 종류가 있습니다. 하나는 순수한 정토신앙淨土信仰입니다. 극락세계가 존재함을 믿고 발원하고 염불하고 극락세계에 왕생하여 아미타불의 설법을 듣고 마지막에 깨달음을 얻는 것입니다. 또 하나는 자성미타유심정토自性彌陀唯心淨土입니다. 자기 마음 한가운데에 본래 갖추고 있는 성품이 부처와 다르지 않아서 미혹하면 범부이고 깨달으면 부처가 되는 것입니다. 아미타불이나 극락정토가 먼 곳에 있는 것이 아니라 오직 자기 마음 한가운데에 있다는 뜻입니다.

역대 어른 스님들 중에서도 순수 정토를 말씀하신 분이 계시고 자성미타를 말씀하신 분도 계십니다. 통일신라시대에 건봉사에서 만일염불로 발징 화상發徵和尙과 대중 스님 서른한 명이 육신등화를 했다는 유명한 이야기도 있습니다. 고려 시대 보조국사의 『염불요문』에 보면 부처가 부처를 염하는 진여염불이 맨 마지막에 하는 염불이라고 합니다.

십여 년 전에 열반하신 비구니 스님이 계셨습니다. 이분은 아흔의 연세에도 일주일은 누워 계시고 일주일은 일어나 계셨는데 누워 계실 때는 말 그대로 와선臥禪입니다. 근력이 떨어져 누워서 선정에 들어가니 일주일씩 누워 계신 것입니다. 그냥 잠이라면 일주일이나 누워 있을 수 없습니다. 어느 날 중견 비구 스님이 찾아가서 "스님, 경계가 어떻습니까?" 하고 물으니 "응, 『아미타경』하고 똑같아, 똑같아." 하시더랍니다. 아마 선정 중에 극락세계에서 노닐다가 오시는지도 모르겠습니다. 화두를 들고 수행하던 어떤 스님은 병이 나서 수술대에 올라갔는데 마침 중 극락세계를 체험하고는 병원을 나와서 정토신앙으로 바꿨다는 이야기도 들었습니다.

한번은 정토신앙을 하시는 스님이 "스님은 극락세계가 존재함을 믿어요?" 하고 물으시기에 대답을 우물쭈물했더니 "스님은 신심이 없구먼. 자성미타는 외도 수행이오?" 하며 핀잔을 들은 적도 있습니다. 부처님 말씀이라는 것이 늘 하는 이야기로 말한다고 되는 것이 아니라 마음으로 받아들이고 승복해야 하는 것입니다.

극락세계 이야기도 많이 들었고 『아미타경』을 삼백 일 동안 독송했지만 개인적으로는 가슴에 확 와 닿지는 않았습니다. 하지만 정토신앙을 부정하지는 않습니다. 다만 나의 법 인연이 자성미타라는 것입니다. 그리고 자성미타를 하든 정토신앙을 하든 '삼독심이 소멸해야 극락왕생한다.'로 정리했습니다. 그리고 정토와 극락세계는 나무아미타불 염불로 업장을 짊어진 채 가는 세계가 아니라, 나무아미타불 염불을 하면 '업장이 말끔히 제거되어 극락세계로 왕생하는 것이다.'로 정리했습니다.

정토와 자성미타 사이에서 고민하던 초심 시절, 정읍 석탄사의 노스님을 뵙고 고민을 끝냈습니다. 석탄사 노스님께서 "자성미타를 해도 극락세계로 왕생하고 정토신앙을 해도 극락세계로 왕생한다." 고 말씀하시더군요.

다라니 수행

　요즘 다라니 수행을 하는 재가불자가 부쩍 늘었습니다. 예전에는 다라니와 함께 준제진언准提眞言 수행도 많이 했다고 합니다. 우리가 매일 독송하는 『천수경』도 다라니와 준제진언으로 구성되어 있으며 마지막에 극락세계 발원으로 끝을 맺습니다.

　대비주라고도 하는 다라니 수행을 근세에 증명하신 분이 수월 스님입니다. 수월 스님의 삶은 전설입니다. 부목으로 있으면서 서른셋의 나이로 한 해 겨울에 대비주를 외워 불망염지不忘念智, 한 번 들으면 잊지 않는 신통를 얻었다고 합니다. 스님의 자비심은 사람뿐 아니라 들짐승에게까지 미쳤다고 합니다. 오대산에 사셨을 때도 늘 들짐승들이 스님을 따랐다고 합니다. 해치고자 하는 마음이 뿌리 뽑혀야 가능한 일입니다.

　요즘에는 다라니도 번역을 하는데 다라니는 미묘하고 깊어서 생각할 수 없는 비밀어秘密語이기에 옛 어른들은 다라니를 번역하지 않았습니다. 현대인이 총명하다고 해도 옛 어른들의 지혜를 무시할 수는 없습니다. 도道는 없는 것을 새로 만드는 것이 아니라 옛 어른들의 말씀대로 지켜 가면서 행하는 것입니다.

다라니는 '천수천안관세음보살의 광대하고 원만하며 거리낌이 없는 큰 자비심의 세계를 찬탄한 것'입니다. 대비주! 말 그대로 대비심이 원인이 되고 결과가 되어서 깨달음의 세계에 들어가는 것입니다. 이것을 해석한다는 것 자체가 불가능한 것입니다. 오히려 해석이 진실한 언어를 천하게 만들기도 합니다.

우리는 겉모양에 속으며 살고 있습니다. 수행에서도 숫자 놀음을 하지만 그 숫자가 중요한 것이 아니라 어떠한 마음을 지니고 정진하느냐가 중요합니다. 저도 다라니를 염송합니다. 상황에 따라 나무아미타불도 「보리방편문」도 그리고 다라니도 합니다. 내가 천수천안관세음보살이 되어서 사바세계의 고통 받는 중생들을 위하여 대자대비한 주문을 들려준다는 마음으로 염송하고 있습니다. 불보살님은 마음 밖에 있는 것이 아니라 내 마음속에 내재되어 있습니다. 다만 우리가 잊고 있을 뿐입니다. 수행이란 우리가 잊고 있는 불성佛性을 각성시키는 것입니다.

대비주 수행

A 스님은 화두를 배워 공부하는데 머리도 아프고 몸도 망가지니 포기하고 태안사로 건너와서 염불선 공부로 바꿨습니다. 하지만 이도 진전이 없어 선원에 앉아 다라니를 염송했는데, 그 재미가 쏠쏠하더랍니다. 다라니 공부를 한다는 말도 못 하고 지내는데, 하루는 당시 조실 스님이셨던 청화 큰스님께서 속마음을 아시고 지나가는 말로 "옛 어른 스님들도 공부에 진전이 없어 집중이 잘 안 될 때 다라니를 많이 하셨다."고 하시면서 A 스님을 격려해 주셨다고 합니다.

'대비주'라고도 하는 다라니 염송은 염불만큼이나 많이 하는 수행입니다. 다라니 수행을 하신 수월 스님은 말 그대로 관세음보살의 화신입니다. 용성 스님도 숭산 스님도 기초 수행으로 다라니 수행을 했다고 합니다. 티베트 수행법에 보면 기초 수행으로 백 절로 된 진언을 십만 번 독誦하라는 말이 있습니다. 긴 진언은 나름대로 장점이 있어서 짧은 진언의 부족함을 채워 주고 염불 수행에도 도움을 줍니다. 그리고 큰스님 말씀대로 나태해진 수행에 힘을 불어넣는 역할도 합니다. 다라니 수행을 하면서 주의할 것은 뜻을 알려고 하지 말고 지극히 염송하는 것입니다. '신묘장구대다라니神妙章句大陀羅尼'는 뜻 그대로 신비하고 수승한 진실한 말이기에 그대로 염송만 해도 무량한 공덕이 있습니다.

관세음보살님의 자비롭고 평등한 마음, 다함이 없는 마음의 표현입니다.

염불 念佛

『능엄경楞嚴經』은『금강경』,『법화경』과 함께 가장 많이 알려진 경
전입니다. 강원에서도『능엄경』을 정식 교재로 채택하고 있습니
다.『능엄경』을 흔히 선禪의 교과서라고 합니다. 경전이란 보는 이
의 안목에 따라 보는 각도가 다른데『능엄경』의 핵심은 염불 수행
입니다.

"若衆生心에 憶佛念佛하면 現前當來에 必定見佛이며 去佛不遠
하야 不假方便코도 自得心開호미 如染香人이 身有香氣하리니 此
則名日 香光莊嚴이니라."

　만약 중생의 마음에 부처님을 기억하고 부처님을 생각하면 지
금이나 뒷세상에 반드시 부처님을 보게 되며, 부처님과의 거리가
멀지 않아 방편을 빌리지 아니하더라도 저절로 마음이 열리는 것
이 마치 향기를 물들이는 사람의 몸에 향기가 배는 것과 같을 것
이니 이것을 일러 향광장엄香光莊嚴이라 한다.

　　　　　　　　　「대세지보살염불원통장大勢至菩薩念佛圓通章」

부처님 명호를 칭명하는 것이 오래오래 하여 익으면 자연스레 부처님을 늘 기억하게 되고 생각하게 되면서, 경전의 말씀 그대로 저절로 마음이 열려 부처님과 마음과 몸이 닮아 갑니다. 염불이 아니더라도 소리를 내어 그 소리를 듣는 수행은 과학적으로도 많은 이익이 있습니다. 소리를 내어 소리를 듣는 것은 뇌를 활성시켜서 건강하게 만들기 때문에 치매에 걸릴 위험을 줄인다고 합니다. 말만 할 줄 알면 온 국민이 '옴마니반메훔'을 한다는 티베트에는 치매 환자가 없고 자살하는 사람이 없으며 정신병자도 없다고 합니다. 치매나 자살은 뇌가 건강하지 못해서 일어나는 현상입니다. 염불 수행으로 정신이 초롱초롱한 노보살님들을 주변에서 볼 수 있습니다. 세속적인 보험보다도 더 현실적인 것이 수행이고 더 나아가 염불 수행입니다.

일체중생을 위한 염불

자신만을 위하여 하는 염불은 중생이 하는 염불입니다. 비록 중생이라도 일체중생을 위해서 하는 염불은 불보살님의 염불입니다. 다겁생에 중생의 때를 벗어 내는 길은 불보살님의 마음과 똑같은 원을 일으켜 일체중생을 위하여 염불하는 것이며, 이것이 바로 '참염불'입니다. 처음에는 생각으로 하지만 세월이 가면서 염불과 원력이 깊어져 마음으로 사무치게 되고, 마음으로 사무치면서 온전히 몸과 마음이 함께 일체중생을 위하게 되는데, 이것은 불보살님을 닮아 가는 것입니다.

옛날에 '만일염불도량萬日念佛道場'이라는 건봉사에서 스님 한 분이 앞에서 깃발 들고 '나무아미타불'을 선창하면 다른 대중 스님들이 북과 징을 치면서 '나무아미타불'을 후창하면서 뒤를 따랐다고 합니다. 그렇게 온 도량을 돌면서 하였다고 하는데 하루에 세 번, 한 번 할 때마다 한 시간 정도 했다고 합니다. 그렇게 해서 만일염불을 이어간 것입니다. 모두 만 일을 하는 것이 아니라 염불 수행하는 스님들이 모여서 삼 년 하고 가시는 분도 있고 십 년 하시는 분도 있고 만 일을 회향하신 분도 있다고 합니다. 『정토보서淨土寶書』에 보면 1600년대 후반에 건봉사에서 여든 연세의 노스님이 만일염불을 회향하고 만행으로 걸어서 호남에 있는 사찰에 도착하셨다는 기록이 있습니다. 그 노스님은 치아도 건강하고 목소리도 강강했다고 하는데, 그 시절에 여든까지 건강했다는 것은 부처님의 가피를 받은 분이라는 것을 보여 준다 하겠습니다. 또 통일신라시대부터 건봉사에 만일염불이 있었음을 알 수 있는데, 요즘 어른 스님들 말씀이 도량에 염불이 끊어지면서 스님들이 싸운다며 걱정하십니다.

속으로 하는 염불보다는 소리를 내어 그 소리를 듣고 새기며 관觀하면서 하는 염불이 가장 좋은 것입니다. 고성염불高聲念佛 수행을 해 보면 그 수행이 우리 마음속에 침전되어 있는 부정적인 상념을 흔들어서 드러내 소멸시킴을 알 수 있습니다. 실질적으로 망상을 제거하고 마음을 정화시키는 것입니다. 물론 좌선을 통해서도 할 수 있는 일이지만, 염불 수행이 쉽게 피안을 건너갈 수 있는 길이라며 대승경전大乘經典의 육백 부 가운데 이백 부가 염불 수행을 찬탄하고 있습니다.

옛 어른 스님들께서 말씀하시길, 알고도 수행하지 않으면 "남의 돈만 세는 일이다."고 합니다. 밤새도록 돈을 세어 봐야 내 것이 아니듯이 '수행 없이는 아무런 공덕도 없다.'는 것입니다. 그러니 늘 염불하시면서 무량한 공덕을 몸소 거두시길 바랍니다.

염불선念佛禪

'염불선'이란 부처님을 염念하고 관觀하는 것입니다. 부처님을 생각하고 관찰하는 것이 자꾸 끊어지고 잊히기 때문에 부처님의 명호를 써서 벽면에 붙여 둔 후, 눈으로 보고 소리를 내어 귀로 들으라고 합니다.

세월이 가면 부처님 생각[念]이 사무쳐[觀] 들어가면서 부처님의 마음과 몸[行]을 닮아 갑니다. 중생의 깊은 의식 속에 있는 부처님 성품[佛性]을 드러내는 것입니다.

염불이 익어 가면서 끊임없는 반조를 통해 참회와 발원으로 중생에서 부처로 마음을 바꾸고 행行을 바꿉니다. 다시 말해 나를 위한 생각과 행에서 일체중생을 위한 생각과 행으로 바꾸는 것입니다.

옛 어른들은 나무아미타불 한 번에 무량한 죄업이 소멸되고 무량한 중생을 제도할 수 있다고 말씀하셨습니다. 나무아미타불 열 번에 극락왕생할 수 있다니, 그 얼마나 불가사의한 부처님의 명호입니까.

일상삼매 一相三昧

사바세계란 능히 인내하고 살아야 하는 세계라고 합니다. 그러나 모든 것이 결국은 마음으로부터 비롯되기에 마음을 바꾸어 살고자 한다면 살 만한 세계이고 더 나아가 행복하게 살 수 있는 것입니다.

수행이란 결국 마음을 바꾸어 마음의 벽을 허무는 것입니다. 중생들은 이분적二分的 사고 속에 살고 있습니다. 많고 적음, 있음과 없음, 더러움과 깨끗함 등 이런 이분적 사고가 고통의 원인이 되는데, 그 고통이란 흔히 말하는 상대적 빈곤감입니다. 그러나 수행을 통해서 이런 이분적 사고를 극복하고 마음의 벽을 깨 나갈 때 마음의 벽이 무너진 만큼 자유롭고 행복할 수 있습니다.

부정적인 생각을 다 걷어 내고 마음의 벽이 온전히 다 무너져 너와 내가 없는 하나가 되었을 때를 '일상삼매一相三昧'라고 합니다. 그 마음을 온전히 유지할 적에 '일행삼매一行三昧'라고 합니다. 많은 성자들이 부정적인 생각을 다 걷어 내어 우주법계를 바라본다면 우주법계는 무량한 빛과 무량한 생명의 바다라고 말씀하셨습니다. 다시 말하면 무량수불無量壽佛과 무량광불無量光佛입니다. '아미타불阿彌陀佛'을 뜻으로 풀이한 것이 무량수불無量壽佛이고 무량광불無量光佛입니다.

늘 광명을 관觀하면서 염불하시며 일상삼매와 일행삼매가 되도록 정진한다면 업이 두터운 중생이라도 대도大道에 이를 수 있다고 옛 어른 스님들은 말씀하십니다.

칭념, 관상,
그리고 진어염불

처음 하는 염불은 '칭념염불稱念念佛'입니다. '나무아미타불'을 큰 소리로 염하는 것이지요. 하지만 그렇게 해도 마치 '밑 빠진 독에 물 붓기'처럼 새어 나가기만 합니다.

몸도 마음도 뻑뻑하지만 강철같은 신심으로 나무아미타불 염불의 한 고비를 반드시 넘겨야 합니다. 인욕의 갑옷을 입고 나무아미타불 염불을 놓치지 않는다면 허공으로 다 새어 버리던 염불이 허공에 꽉 찰 때가 있습니다. 밑 빠진 독에 물 붓더라도 세월이 가면 그 독에 물이 차오를 때가 있습니다. 그때가 되면 더덕더덕 붙어 있던 삼독심이 빠지기 시작한 것이지요.

다음에 하는 염불은 '관상염불觀像念佛'입니다. 부처님의 원만하고 자비스러운 형상을 보고 염불합니다. 아, 나무아미타불 염불이 내면으로 파고들면서[廻光返照] 다겁생에 지은 죄업이 산과 같고 바다와 같음을 알게 되고 눈물을 흘리면서 참회하게 됩니다.

그리고 참회한 그 자리에 자비심이 돋아나면서 하는 염불이 관상염불觀想念佛입니다. 부처님의 무량공덕을 마음으로 생각하면서 '나무아미타불', 어느덧 부처님의 마음이 온누리에 가득하고 나의 마음도 온누리에 가득합니다.

다음으로 하는 염불은 부처가 부처를 염하는 진여염불眞如念佛입니다. 극락세계도 놓아 버리고 깨달음도 놓아 버리고 부처님과 함께 자고 함께 일어나는 '나무아미타불'입니다. 산을 넘고 바다를 건너 돌고 돌아서 고향에 돌아왔습니다. 마음과 중생과 부처는 본래 하나입니다. 온전히 부처의 마음인 일체중생에 대한 애민심哀愍心만 가득합니다.

염념상속

염불 수행은 특이한 것이 없습니다. 약한 불에 오래 익힌 음식이 맛있듯이 오래오래 꾸준히 일생을 바친다는 생각으로 하는 것입니다. '나무아미타불' 한 구절을 써서 벽에다 붙여 놓고 좌선하는 자세로 앉아서 염송하십시오. 눈으로 보고 입으로 소리 내어 귀로 들으며 천주를 돌리면서 하셔도 좋습니다.

'나무아미타불'을 또렷이 소리 내고 또렷이 듣는다면 속도가 빨라져도 상관이 없습니다. 처음에는 얼마 못 하지만 꾸준히 하면 속도도 붙고 횟수도 늘어갑니다. 시간이 지날수록 '나무아미타불'이 걸음마다 생각마다 끊임없이 이어집니다. 참샘에서 맑은 샘물이 솟구치듯이 가슴속에서 끊임없이 이어집니다. 메마른 땅에 봄비가 내리어 대지를 촉촉이 적셔 가면서 만물이 소생하듯이 '나무아미타불'의 진동이 내 마음을 치면서 척박한 마음을 적시고 나와 내 주변을 정화시킵니다. 우리는 그것을 염념상속念念相續이라고 합니다.

염념상속이 좀 더 깊어지면서 더덕더덕 붙어 있던 삼독심三毒心과 망상이 떨어져 나가기 시작합니다. 병고病苦도 망상의 그림자일 뿐입니다. 더 나아가 온전히 '나무아미타불' 여섯 자만 남았을 때 탁한 물이 걸러져 맑은 물이 되듯이, 삼독심과 망상에 찌든 마음이 정갈해지기 시작하면서 계행이 스스로 우러나와 갖추어지기 시작합니다. 계행은 스스로 마음으로부터 갖추어질 때 온전합니다.

수행과 계행이 나란히 갈 때가 바른 수행입니다. 흔히 계행과 망상을 걱정하지만 염념상속이 익으면 자연히 해결됩니다. 계행과 염념상속, 즉 집중止·定·사마타·一行이 어느 정도 되었을 때야 비로소 관찰할 수 있는 힘이 생깁니다. '나무아미타불'이 가슴속에 사무쳐 나가면서 관상염불觀像念佛 또는 실상염불實相念佛을 하게 된다는 것입니다.

모든 수행의 마지막 부분은 관찰觀·慧·一相·觀照·廻光返照·위빠사나입니다. 끊임없는 자아 성찰과 관찰을 통해서 지혜와 반야가 드러나는 것입니다. 다라니를 하든 염불을 하든 화두를 하든 지혜와 반야가 동반되지 않은 수행은 쭉정이 수행일 뿐입니다. 널뛰는 마음을 가지고는 관찰을 제대로 할 수 없기에 먼저 집중하라 하는 것이고,

집중도 제대로 안 되기 때문에 먼저 계행을 지키라는 것입니다.

계戒·정定·혜慧를 일컬어 삼학三學이라 합니다. 계와 정을 묶어서 정定이라 하며, 이 정[止]과 혜[觀]를 함께 수행한다고 해서 '정혜쌍수'라고도 합니다. 정혜가 나란할 때가 바른 수행입니다. 수레가 양 바퀴를 굴려서 먼 길을 가듯이 정혜쌍수가 깨달음의 길로 인도합니다. 이러한 공부인의 삶은 정갈합니다. 건강, 정직, 보시, 청빈, 검소, 겸손, 너그러움, 자비심, 모두 바른 수행을 했을 때 일어나는 덕목입니다.

수행이 한 단계 더 내면으로 들어갔을 때 비로소 온전한 보리심이 일어납니다. 보리심이란 자신과 같은 처지에 있는, 더 나아가 윤회하는 생명 모두를 연민하는 자비심에서 비롯됩니다. 자비심이란 상대의 고통을 나의 고통으로 느끼는 것입니다. 그들을 괴로움으로부터 건져 내고 모두가 바른 깨달음을 얻도록 해 주려는 마음에서 보리심이 나오는 것입니다.

보리심이 마음속에서 인忍, 어떠한 고통에도 마음에 흔들림이 없음이 되었을 때 비로소 '수행의 문에 들어왔다.' 또는 '수행의 출발이다.'라고 말할 수 있습니다. 이전의 삶은 다 중생의 삶입니다. 출가자와 재가자를 막론하고 '나'라는 생각을 짊어진 수행과 삶은 중생의 놀이일 뿐입니다. 중생은 나와 너라는 이분적인 울타리가 있지만 수행자의 삶은 그 울타리를 부수어 하나로 만드는 것입니다.

보리심을 지닌 참 수행자는 탁한 물을 거르듯이 사바세계를 정화시켜 줍니다. 온전한 보리심을 지니고 하는 나무아미타불 염불 한 번이나 『천수경』과 『금강경』의 한 구절, 절, 진언, 들숨과 날숨이 일체중생의 업을 녹이고 깨달음의 길로 인도합니다. 온전한 보리심과 깨달음, 결국은 '인격 완성'입니다. 그러나 이 인격 완성은 한 생에 이루어지지 않는다고 합니다. 전생에서 금생으로, 다음 생으로 끝없이 이어집니다. 산 너머 산처럼 끝없이 이어지는 머나먼 길입니다. 그러나 꼭 가야 할 길입니다. 애쓰고 또 애쓰십시오.

願我盡生無別念　원아진생무별념

阿彌陀佛獨相隨　아미타불독상수

心心常係玉毫光　심심상계옥호광

念念不離金色相　염념불리금색상

원컨대, 제 생명이 다하도록 다른 생각 없이
오로지 아미타불을 따르겠나이다.
마음과 마음을 항상 옥호광명에 두고
생각과 생각마다 금색상호를 여의지 않겠나이다.

「보리방편문」 공부

　'심心은 허공虛空과 등等할새'로 시작하는 「보리방편문」은 금타金陀, 1898-1948 스님께서 선정 중 용수 보살로부터 전수 받았다는 전설의 글입니다. 스님은 이 글을 전수받고 21일 만에 깨달음을 얻었고 살아생전에 제자들에게도 늘 「보리방편문」을 공부하라고 일렀다고 합니다. 일부에서는 이 「보리방편문」을 폄하하기도 하지만 분명히 좋은 글입니다.

　「보리방편문」은 번뇌 망상이 소멸하여 마음이 허공같이 되었을 때 펼쳐지는 깨달음의 세계를 표현한 것이고 이런 마음의 세계를 염念하고 관觀: 觀想하는 수행법입니다. 「보리방편문」을 공부하는 첫 번째 방법은 많이 독송하고 사경하는 것입니다. 「보리방편문」을 독송하다 보면 마음에 걸리는 문장이 있는데 이건 시절 따라 달라집니다. 저의 경우 처음에는 첫 문장인 "심心은 허공虛空과 등等할새"가 그 다음에는 "삼신일불三身一佛인달하여 아미타불을 상념常念하고"가 그리고 지금은 마지막 대목인 "아미타불을 상념常念하고 내외생멸

상內外生滅相인 무수중생無數衆生의 무상제행無常諸行을 심수만경전心隨萬境轉 인달하여 미타彌陀의 일대행상一大行相으로 사유관찰思惟觀察할지니라.”가 걸립니다. 마지막 대목을 의역하면 '아미타불을 항상 생각하며 마음 안과 밖에서 일어나고 소멸하는 현상과 모양을 마음에 따라 항상恒常함이 없이 변하는 것으로 살펴보라.'는 뜻입니다. 마음 안팎에서 일어나는 모든 망상을 항상恒常함이 없는 인연에 따라 일어났다 소멸하며 생기었다 없어지는 거품, 그림자, 환으로, 직관하였을 때 마음의 갈등에서 벗어나 좀 더 허공과 같이 되며 마음이 허공과 같이 된 만큼 자유롭다는 것입니다.

이렇듯「보리방편문」은 첫 줄이 마지막이고 마지막 줄이 첫 줄이 되어 끊임없이 굴러가야 하는 것입니다. 『반야심경』에서 “오온五蘊이 모두 공空”함을 깨달아 일체 고액苦厄을 여의고 수행을 완성하듯이 '마음이 허공과 같음'을 증證하였을 적에 일체 번뇌 망상을 여의고 수행을 완성합니다.

아래는「보리방편문」전문입니다.

心은 虛空과 等할새 片雲隻影이 無한 廣大無邊한 虛空的 心界를 觀

하면서 清淨法身인달하야 毘盧遮那佛을 念하고 此虛空的心界에 超
日月의 金色光明을 帶한 無垢의 淨水가 充滿한 海象的性海를 觀하면
서 圓滿報身인달하야 盧舍那佛을 念하고 內로 念起念滅의 無色衆生
과 外로 日月星宿山河大地森羅萬象의 無情衆生과 人畜乃至 蠢動含
靈의 有情衆生과의 一切衆生을 性海無風金波自涌인 海中漚로 觀하
면서 千百億化身인달하야 釋迦牟尼佛을 念하고 다시 彼無量無邊의
淸空心界와 淨滿性海와 漚相衆生을 空·性·相 一如의 一合相으로
通觀하면서 三身一佛인달하야 阿化彌報陀法佛을 常念하고 內外生滅
相인 無數衆生의 無常諸行을 心隨萬境轉인달하야 彌陀의 一大行相
으로 思惟觀察할지니라.

설익은 염불

나무아미타불 염불 속에 망상이 있다면,
아직 설익은 염불입니다.
나무아미타불 염불 속에 시비가 일어난다면,
아직 설익은 염불입니다.
나무아미타불 염불 속에 부정적인 생각이 있다면,
아직 설익은 염불입니다.

약한 불에 음식을 오래 익혀야 음식의 참맛을 알 듯
염불도 오래 오래 하여서 망상이 다 떨어지고
오롯이 나무아미타불 일구—句만 남아야 합니다.
오롯이 나무아미타불 일구만 남았을 때
고통의 사바세계에 살면서도
지극히 즐거운 극락세계에 사는 것입니다.

참샘에서
물이 솟아나듯이

원효 스님께서는 당신의 깨달음을 나무아미타불로 회향하시고 박을 두드리면서 저잣거리에서 회향하셨습니다. 귀족 불교 위주였던 통일신라시대 때 원효 스님의 나무아미타불 염불로 민중 불교가 부각됐습니다. 스님들은 법당에서 목탁을 치면서 나무아미타불 염불을 할 수 있지만 재가에 계신 분들은 그렇게 하기가 마땅치 않습니다.

재가에서 할 수 있는 방법은 종이에 '나무아미타불'이라고 써서 벽면에 붙여 놓고 좌선 자세로 앉아서 그것을 눈으로 보고 입으로 염송하면서 귀로 듣는 것입니다. 천주를 돌리면서 하신다면 더욱 좋습니다. 처음에는 적은 횟수로 시작하고 차차 숙달되면 횟수를 늘려 가면 됩니다. 저도 이 방법으로 지금도 방에서 하루 숙제 삼아 오천 번씩 하고 있습니다. 6분 만에 천주를 한 번 돌린 적도 있지만 지금은 10분 정도 걸립니다.

아침저녁으로 이 방법으로 정진하고 낮에는 일하면서 생각나는 대로 염송한다면 쉽게 염념상속念念相續을 이룰 수 있습니다. 화두를 하든 진언을 하든 염념상속 상태가 되어야 합니다. 마치 참샘에서 물이 솟아나듯이 마음속으로부터 '나무아미타불'이 끊임없이 흘러나와야 합니다. 염념상속이 깊어지면서 망상이 떨어져 나가게 되고 망상이 소멸된 만큼 삶도 간결해지고 자유로워집니다. 고려 시대 큰스님인 나옹 스님 글에 염념상속을 이룬 후에는 시절인연만 기다리면 된다고 했습니다.

阿彌陀佛在何方 아미타불재하방
着得心頭切莫忘 착득심두절막망
念到念窮無念處 염도념궁무념처
六門常放紫金光 육문상방자금광

육문은 '눈眼, 귀耳, 코鼻, 혀舌, 몸身, 의식意'을 일컫는다.

아미타 부처님은 어느 곳에 계시는가?
마음 마음 간절히 잊지 아니하고
생각이 다하고 마음이 다하는 곳에
항상 자금색 광명을 놓고 있네.

『나옹懶翁, 1320-1376 스님께서 누이동생에게 보낸 편지』에서

경계에 속지 마라

나무아미타불 염불이 깊어지면서 마음이 모아지면 소위 경계라는 것이 나타납니다. 며칠 뒤에 일어나는 일을 안다든지, 영가가 보인다든지, 생각대로 이루어진다든지 하는 것입니다. 대부분 공부하는 사람들이 경계에 속아 도道를 크게 이룬 것처럼 행세합니다. 정진하다 보면 게송이 나올 수도 있고 빛도 볼 수 있는 것입니다. 이것은 마음의 집중에서 생기는 현상이고 지혜나 반야와는 별개의 것입니다. 어떠한 수행법이든 반야바라밀이 되어야 공부입니다.

경계는 경계일 뿐이고 '마음을 바로 보아야' 합니다. 널뛰는 마음을 가라앉히고 내 마음을 바로 보아서 탐·진·치 삼독심이 얼마나 소멸되었는가를 확인해야 합니다. 바른길로 간다면 탐·진·치 삼독심이 소멸하면서 그 자리에는 환희심과 평등심과 자비심이 일어납니다.

서방정토와 자성미타

나무아미타불 공부를 하시는 분들은 한번쯤 서방정토西方淨土 극락세계인가, 자성미타自性彌陀, 유심정토唯心淨土인가에 대해 의문을 품을 때가 있습니다. 저도 초심 때 이 문제로 고민하다가 정읍의 석탄사 노스님을 뵙고 이 문제를 말씀드렸습니다. 그리고 노스님께 "자성미타를 해도 극락세계에 왕생하고 서방정토를 해도 극락세계에 왕생한다."는 말씀을 듣고 그 뒤로는 고민이 없어졌습니다.

사람의 기질에 따라 인연에 따라 서방정토 발원이 더 마음에 닿는 분도 있고 자성미타가 더 마음에 닿는 분도 있습니다. 흔히 본인을 기준하여 법집法執에 빠지게 됩니다. 돈오頓悟도 부처님 법이고, 점수漸修도 부처님 법이고, 서방정토도 부처님 법이고, 자성미타도 부처님 법입니다. 다만 인연과 기질에 따라 법의 선택이 다를 뿐입니다.

마음은 늘 변합니다. 세월이 가면 마음도 바뀌는 것이기에 어느 것이 맞다고 할 수는 없습니다. 젊어서 화두를 공부하신 어른 스님께서 말년에 정토 수행을 하자 젊은 수좌님들이 말이 많았는데 그분들도 나이 먹어 봐야 말년에 정토 수행을 하신 분의 심정을 알 수 있을 겁니다.

나무아미타불 염불이 깊어질수록 생각이 정리되고 마음이 정리되어 하나로 떨어질 때가 있습니다.

허공 같은 마음으로

우리가 등산을 할 때 올라가는 산의 높이에 따라 보이는 경치가 다르듯이 염불 수행을 하면서도 세월 따라 생각과 마음이 바뀝니다. 산에 올라갈수록 보이는 시야가 넓어지듯이 염불 수행이 깊어지면 마음의 벽이 허물어져 인연의 그물, 즉 하나의 세계로 통합되는 것입니다.

결국 '마음은 허공과 같을 새'가 펼쳐지는 보리방편문아미타불의 세계가 되는 것입니다.

제가 즐겨 염송하는 게송도 같은 맥락입니다.

南無西方淨土 極樂世界	나무서방정토 극락세계
佛身長廣 相好無邊	불신장광 상호무변
金色光明 遍照法界 四十八願	금색광명 변조법계 사십팔원
度脫衆生 不可說	도탈중생 불가설
不可說傳 不可說 恒河沙	불가설전 불가설 항하사

佛刹微塵數 稻麻竹葦	불찰미진수 도마죽위
無限極數 三百六十萬億	무한극수 삼백육십만억
一十一萬九千五百	일십일만구천오백
同名同號 大慈大悲 我等道師	동명동호 대자대비 아등도사
金色如來 阿彌陀佛	금색여래 아미타불

　위 글도 역시 깨달음의 세계인 서방정토 극락세계를 표현한 것입니다. 한 번 '나무아미타불'을 하더라도 '허공 같은 마음'으로 '삼백육십만억 일십일만 구천오백 동명동호 아미타불'로 하는 것입니다. 참 어려운 일이지만 거짓[假觀的]이라도 흉내를 내서 한다면 언제인가는 참 마음[證道的]으로 하게 됩니다.

염불念佛과
염불선念佛禪

염불이란 부처님을 생각하는 것입니다. 선禪이란 사유를 말하는 것이며 부처님을 생각하면서 자꾸 잊어버리기에 입으로 부처님 명호를 칭념하고 귀로 들으라는 것입니다. 본래 중생이 부처이기 때문에 부처님 명호를 칭념하면 칭념염불이 깊어지면서 자연스럽게 사유하게 됩니다. 부처님 마음을 바르게 사유할 때에 염불선이 됩니다.

사유가 깊어지면 부처님이 마음 밖에 있는 것이 아니라 삼신三身과 사지四智를 갖춘 내 마음이 부처인 것을 깨닫게 됩니다. 마음이 부처임을 사유하면 그 사유가 더욱 깊어지면서 제 6식六識을 정화하고 제 7식七識을 정화하고 제 8식八識 아뢰야식을 온전히 정화할 적에 부처님과 똑같은 공덕과 지혜가 나오는 것입니다.

공양주 보살님

제주도 자성원에 처음 주지 소임을 맡아서 갔을 적에 공양주 보살님이 한 분 계셨습니다. 노보살님이었는데 얼굴에 병색이 완연했습니다. 제가 가지고 있던 율무 천주를 드리면서 나무아미타불 염불을 권했습니다. 저는 법당에서 나무아미타불 기도를 하면서 살았고 공양주 보살님은 후원에서 나무아미타불 염불을 하면서 지내신 것입니다. 세월이 가면서 보살님의 부정적인 생각도 많이 바뀌었고 얼굴도 환해지고 건강도 되찾으셨습니다. 폐허가 되다시피 한 도량에 사람들이 다시 모이고 분위기도 밝아져 오시는 분들도 도량의 그 기운을 느낄 수 있다고 합니다. 소임 4년 동안에 '나무아미타불' 하나로 사람도 도량도 모두 바꾸어 놓은 것입니다.

'아미타불'은 범어를 그대로 음사한 것이고 뜻으로 번역한 것이 무량수불, 무량광불입니다. 다시 말해 '끝없는 생명'과 '끝없는 빛'을 나타내는 것입니다. 절대긍정의 세계를 표현한 진실한 말이며 만트라이며 불가사의한 명호입니다.

나무아미타불 염불이 깊어지면 부정적인 생각이 긍정적인 생각으로 바뀌게 되고 삶 자체도 바뀌게 됩니다. 나무아미타불 염불을 하면 업장이 녹게 되고 극락세계에 왕생할 수 있습니다. 극락세계는 죄업이 녹아야 갈 수 있는 세계이며 나무아미타불 염불을 지극정성으로 하여 죄업이 소멸된 세계입니다.

일생을 바친다는 생각으로 나무아미타불 염불 공부를 지어 간다면 '아미타불'을 찬탄하신 옛 어른들의 말씀이 진실한 것임을 알 수 있습니다. 마음속으로든 작은 소리로든 고성으로든 다 좋습니다. 나무아미타불 염불 공부를 매일 이어 가는 것이 중요합니다.

표지 및 내지
〈극락에서 설법하는 아미타불 阿彌陀極樂會圖〉
(덕수(德壽)-001869-001, 덕수(德壽)-000448-000, 덕수(德壽)-002680-000)부분
ⓒ 국립중앙박물관 OPEN

미타행자의 편지

초판 1쇄 발행_ 2014년 7월 4일
초판 4쇄 발행_ 2024년 8월 16일

지은이_ 본연

펴낸이_ 오세룡
편집_ 손미숙 박성화 윤예지 여수령 정연주
기획_ 곽은영 최윤정
디자인_ 고혜정 김효선 최지혜
홍보 마케팅_ 정성진
펴낸곳_ 담앤북스
　　　주소_ 서울특별시 종로구 새문안로3길 23 경희궁의 아침 4단지 805호
　　　전화_ 02)765-1250(편집부) 02)765-1251(영업부)
　　　전송_ 02)764-1251 전자우편_ dhamenbooks@naver.com

출판등록 제300-2011-115호

ISBN 978-89-98946-27-2　03220

정가 13,800원